ÉTUDE

SUR

LA COMPLICITÉ

EN

MATIÈRE DE CHASSE

PAR

FÉLICIEN GRIVEL

DOCTEUR EN DROIT,
PROCUREUR DE LA RÉPUBLIQUE A VOUZIERS.

(Article extrait de *LA FRANCE JUDICIAIRE*)

PARIS

A. DURAND et PEDONE-LAURIEL, Éditeurs,

LIBRAIRES DE LA COUR D'APPEL ET DE L'ORDRE DES AVOCATS

G. PEDONE-LAURIEL, Successeur

13, rue Soufflot, 13.

1882

DU MÊME AUTEUR :

Des constructions élevées sur le terrain d'autrui. — Paris, 1871, PICHON-LAMY, éditeur, rue Cujas.

Interprétation de la règle nul ne peut chasser sans permis. — Paris, 1877, DURAND et PEDONE-LAURIEL, 13, rue Soufflot.

Étude sur la pêche à la ligne. — 1879, Paris, même éditeur.

ÉTUDE

SUR LA

COMPLICITÉ EN MATIÈRE DE CHASSE

ÉTUDE

SUR

LA COMPLICITÉ

EN

MATIÈRE DE CHASSE

PAR

FÉLICIEN GRIVEL

DOCTEUR EN DROIT,
PROCUREUR DE LA RÉPUBLIQUE A VOUZIERS.

(Article extrait de *LA FRANCE JUDICIAIRE*)

PARIS

A. DURAND et PEDONE-LAURIEL, Éditeurs,

LIBRAIRES DE LA COUR D'APPEL ET DE L'ORDRE DES AVOCATS

G. PEDONE-LAURIEL, Successeur

13, rue Soufflot, 13.

1882

ÉTUDE

SUR LA

COMPLICITÉ EN MATIÈRE DE CHASSE

Sommaire :

1. — Objet de l'étude.
2. — Il y a lieu d'appliquer, d'une façon générale, aux matières de chasse, les règles ordinaires de la complicité.
3. — Le complice d'un délit de chasse n'est punissable que s'il a agi sciemment.
4. — Faits principaux de complicité. — De la complicité par provocation et au moyen d'instructions.
5. — De la complicité imputable à ceux qui ont fourni des armes, des instruments, ou autres moyens qui ont servi à commettre un délit de chasse.
6. — De la complicité par aide ou assistance.
7. — Il y a intérêt, en fait et en droit, à considérer l'auxiliaire de chasse, spécialement le traqueur, comme un coauteur plutôt que comme un complice, au cas où il a concouru à l'accomplissement d'un fait de chasse délictueux.
8. — Les auxiliaires de chasse, spécialement les traqueurs qui concourent à la perpétration d'un fait de chasse délictueux, doivent être envisagés comme des coauteurs et non comme des complices. — Réfutation des deux opinions contraires.
9. — Conséquences principales résultant de l'adoption de notre système.
10. — La complicité par recel existe aussi bien en matière de chasse que dans le droit commun.
11. — Principales applications de cette proposition. — Recel d'œufs ou de couvées de perdrix, de faisans ou de cailles pris sur le terrain d'autrui.
12. — La complicité spéciale consacrée par les articles 4, § 1er, et 12, § 4, de la loi du 3 mai 1844, ne s'applique pas au colportage, à la mise en vente, à la vente, à l'achat et au transport du gibier capturé pendant le temps de neige, où la chasse est momentanément suspendue en vertu d'un arrêté préfectoral.
13. — Cette proposition est vraie, également, quant au colportage, à la mise en vente, à la vente, à l'achat et au transport du gibier capturé à l'aide d'engins prohibés, plus généralement tué en délit.
14. — Nonobstant tout arrêté préfectoral contraire.
15. — L'article 62 du code pénal n'en est pas moins applicable au colportage, au transport, à la mise en vente, à la vente et à l'achat, plus généralement, à toute rétention volontaire du gibier capturé avec des engins prohibés.
16. — Ou en temps de neige contrairement aux dispositions d'un arrêté préfectoral.
17. — L'article 62 du code pénal est également applicable au recel du gibier capturé pendant la nuit — par un individu non muni d'un permis — sur le terrain d'autrui — contrairement aux dispositions d'un arrêté préfectoral pris en

exécution de l'article 9 de la loi du 3 mai 1844 — ou en violation des clauses et conditions du cahier des charges qui lie l'adjudicataire de chasse.

18. — Plus généralement, l'article 62 doit être appliqué à tous les cas de recel quelconque de gibier tué ou pris en délit.

19. — Le complice d'un délit de chasse peut être poursuivi et condamné, quand même l'auteur principal ne serait pas poursuivi pour une raison quelconque.

20. — Si l'auteur principal d'un délit de chasse est traduit devant une juridiction spéciale, le complice doit également, en principe, être traduit devant cette juridiction.

21. — Le complice d'un délit de chasse est puni de la même peine que l'auteur principal de ce délit.

22. — L'aggravation de peine résultant de la qualité de l'auteur principal du délit de chasse rejaillit sur son complice.

23. — L'article 27 de la loi du 3 mai 1844 sur la solidarité est applicable aux auteurs et complices d'un délit de chasse.

1. — Il y a peu de lois qui, dans la doctrine, aient donné lieu à autant de controverses que celle du 3 mai 1844 sur la chasse; les tribunaux correctionnels ont, d'ailleurs, constamment à statuer sur des difficultés relatives à des questions de chasse, et, en législation, la loi du 3 mai 1844 a soulevé bien des critiques ; les chasseurs trouvent, en général, que cette loi édicte des pénalités trop légères, qu'elle est insuffisante et susceptible de plusieurs modifications. A ce triple point de vue, l'étude des questions de chasse offre beaucoup d'intérêt.

La matière de la complicité est, sans contredit, l'une des plus attrayantes de cette partie de notre droit, et nous pouvons dire une des plus pratiques. L'examen de cette matière amène, en effet, à étudier une question des plus délicates, et l'une de celles qui, en pratique, se présentent le plus fréquemment, nous voulons dire celle de la responsabilité qui incombe aux traqueurs, plus généralement aux auxiliaires de chasse, dans l'accomplissement du fait délictueux auquel ils prennent part. Ces auxiliaires de chasse doivent-ils être considérés comme de vrais chasseurs au point de vue de la responsabilité qu'ils encourent? ou faut-il les considérer comme des complices, responsables seulement au cas de connaissance du caractère délictueux de l'acte auquel ils ont participé? Doit-on même, dans tous les cas de délits commis, ne les envisager que comme de simples instruments passifs et, comme tels, les déclarer complètement irresponsables. C'est là une question fort difficile à résoudre.

En étudiant la complicité en matière de chasse, on est aussi conduit à rechercher, notamment, si les receleurs de gibier pris en délit sont frappés des pénalités édictées contre l'auteur principal; or, d'une part, le gibier peut avoir été pris en délit de plusieurs manières, et, d'autre part, en pratique, cette question est susceptible de nombreuses applications.

Les braconniers de chasse, dont le nombre est considérable à notre époque, et qui, sans aucun doute, sont une des causes les plus puissantes de la destruction du gibier dont on se plaint si amèrement, n'exerceraient pas autant leur coupable industrie s'ils n'étaient pas sûrs de trouver des amateurs pour le produit de leurs délits. Telles sont les principales et les plus intéressantes questions que nous aurons à résoudre. Nous donnerons à leur examen tous les développements qu'elles méritent. Nous aurons, encore, à étudier d'autres questions qui sont loin d'être dépourvues d'intérêt. En poursuivant notre étude, nous nous efforcerons de nous placer, autant que possible, sur le terrain de la pratique, et nous nous inspirerons surtout des monuments de jurisprudence pour résoudre les difficultés et controverses qui se présenteront, tout en nous attachant aux règles qui découlent des principes généraux du droit en matière de complicité et aux textes de la loi du 3 mai 1844.

2. — Nous nous demanderons, tout d'abord, si, d'une façon générale, les règles de la complicité établies par le code pénal sont applicables à la complicité en matière de chasse.

La difficulté vient de ce qu'aucun article de la loi du 3 mai 1844 n'a trait à la complicité. Comment doit-on interpréter ce silence du législateur? Doit-on dire que, ayant laissé de côté la complicité, il faut en induire que les principes de la complicité posés dans les articles 59, 60 et 62 du code pénal ne doivent pas s'appliquer aux matières de chasse? Faut-il, au contraire, décider que le législateur n'avait pas à s'occuper de la complicité, la loi sur la chasse étant soumise, au point de vue pénal, aux principes généraux du droit. Chacune de ces interprétations a ses partisans. Pour nous, nous n'hésitons pas à dire que les principes généraux du droit en matière de complicité sont applicables à loi du 3 mai 1844 sur la chasse.

En raison, d'abord, y a-t-il lieu de distinguer entre la complicité ordinaire et la complicité en matière de chasse? Nous ne le pensons pas. Les complices d'un délit de chasse ne méritent-ils pas d'être punis, aussi bien que les complices de tout autre délit? Oui, sans aucun doute. Celui qui aide un braconnier à commettre un délit de chasse en temps prohibé, par exemple, sachant très bien que la chasse est fermée, n'est-il pas, toute proportion gardée, bien entendu, répréhensible au même titre que celui qui fait le guet pendant que son camarade commet un vol? Oui incontestablement. Il est de toute justice, au point de vue moral, que le premier comme le second, encoure une punition. Rationnellement et en bonne justice, il n'y a donc pas lieu de distinguer entre les complices en matière de chasse et les complices en matière de droit pénal ordinaire; au point de vue de la raison et de la justice, le complice d'un délit de chasse doit être puni comme celui qui l'a commis.

Il faut aller plus loin, et dire que les principes du droit pénal consacrent cette proposition. Les articles 59, 60 et 62 du code pénal, qui posent les principes de la complicité en droit pénal, sont en effet conçus d'une façon aussi absolue que possible. Ils visent, d'une façon générale, tous les délits, ceux de chasse, par conséquent, aussi bien que les délits ordinaires [1].

1. Telle est la manière de voir admise par un grand nombre d'auteurs qui se sont

Parmi les auteurs spéciaux qui ont écrit sur la chasse, deux surtout, Petit, p. 261, et Rogron, p. 187, ont prétendu que les règles sur la complicité établies par le code pénal ne sont pas applicables aux matières de chasse, et quelques décisions judiciaires (V. notamment un arrêt de la cour de Dijon, du 28 novembre 1845, D., 46, II, 5) ont consacré cette manière de voir.

D'abord, dit-on, pour combattre notre thèse, la loi n'a rien dit quant à la complicité en matière de chasse; donc cette complicité n'existe pas.

Nous répondrons à cette objection qu'il était inutile que le législateur parlât de la complicité dans la loi sur la chasse. Il a posé dans les articles 59, 60 et 62 du code pénal les principes généraux en matière de complicité. Ces principes généraux sont applicables à toutes les branches du droit, à moins qu'un texte des lois particulières n'y déroge; or, aucun article de la loi du 3 mai 1844 n'implique une dérogation aux principes généraux établis par le code pénal sur la complicité.

Mais, ajoute-t-on, il n'est pas exact de soutenir qu'aucun article de la loi du 3 mai 1844 ne déroge aux principes généraux du droit en matière de complicité. En effet, l'article 27 de cette loi exclut toute idée de complicité en matière de chasse, par cela seul qu'il établit la solidarité à l'égard de tous ceux qui commettent conjointement des délits de chasse, sans parler de complicité. Cet article n'édictant que la solidarité à l'encontre de ceux qui commettent ensemble et conjointement des délits de chasse exclut, par conséquent, pour les matières de chasse, la complicité de droit commun.

Sans doute, répondrons-nous, l'article 27 édicte la solidarité contre tous ceux qui commettent conjointement des délits de chasse, mais, s'ensuit-il que cette disposition particulière soit exclusive de la complicité ordinaire? En aucune façon. L'article 27 est tout à fait indépendant des articles 59, 60

occupés de questions de chasse. C'est notamment l'opinion de MM. Duvergier, *Collection des lois*, 1844, p. 136; — Gillon et Villepin, p. 244; — Camusat-Busserolles, *Code de la police de la chasse*, p. 177; — Perrève, p. 347; — Chardon, *Chasse*, n° 14; — Berriat Saint-Prix, p. 237; — De Neyremand, *Questions de chasse*, p. 140; Giraudeau et Lelièvre, n° 113; — Dutruc, *Memorial du ministère public*, Chasse, n° 11.

Un grand nombre de tribunaux et de cours ont, également, statué dans ce sens. Voir notamment cassation, 6 décembre 1839; S., 40, I, 77; — Rouen, 26 avril 1849, D., 50, II, 69, *Annales forestières*, t. V, p. 128; — Orléans, 13 décembre 1849, et mars 1851, *Annales forestières*, t. V, p. 355; — Amiens, 13 janvier 1853, S. 53, II, 232, *J. du Palais*, 53, I, 228; *Annales forestières*, t. VI, p. 51; — Limoges, 28 décembre 1854, *Annales forestières*, t. V, p. 355; — Paris, 8 février 1862, D. 63, II, 17; — Cass., 19 novembre 1864, *J. du ministère public*, t. VIII, p. 15; *Bulletin des arrêts de la cour de cass.* 1864, p. 441; — Lyon, 28 mars 1865, *J. du ministère public*, t. VIII, p. 120; *J. du Pal.* 1866, II, 811; S., 66, II, 195; — Metz, 29 déc. 1864, *Revue des eaux et forêts*, 1864-65, p. 377; D. 65, II, 24; — Tribunal de Mantes, 27 déc. 1866; *Revue des eaux et forêts*, 1866-1867, p. 303; — Bourges, 18 février 1868, *J. du Pal.*, 68, 456; S., 68, II, 99; *J. du ministère public*, t. II, p. 59; — Rouen, 9 juin 1871, *Revue des eaux et forêts*, 1870-1873, p. 175; — Rouen, 4 déc. 1873, D. 74, II, 175; — Cass., 20 janvier 1877, *France judiciaire*, 1876-1877, p. 286; *Bulletin*, 1877, p. 51; — Tribunal de Blois, 10 nov. 1876, *Revue des eaux et forêts*, 1880, p. 107; *J. du ministère public*, t. XX, p. 155; — Nîmes, 1er mars 1877; *Revue des eaux et forêts*, 1878-1879, p. 42.

et 62 du code pénal. La solidarité prononcée par cet article n'exclut nullement l'application des règles de droit commun. L'article 27 se fonde sur l'action des délinquants qui s'associent pour commettre des délits de chasse. Cette action est dangereuse et c'est la raison pour laquelle le législateur a édicté une disposition particulière. Cette disposition spéciale s'explique donc très bien sans que, pour cela, on doive en induire que le législateur a eu la volonté d'exclure, dans les matières de chasse, l'application des règles ordinaires de la complicité.

On dit encore dans le camp de nos adversaires : les faits de chasse sont essentiellement personnels, si personnels qu'ils excluent toute idée de complicité.

Nous avouons ne pas comprendre très bien le sens de cette expression. En quoi les délits de chasse sont-ils plus personnels que les autres délits, que celui de vol, par exemple? Plusieurs personnes ne peuvent-elles pas s'unir pour commettre un délit de chasse unique, comme pour commettre un délit de pêche, les uns jouant un rôle principal, les autres un rôle secondaire dans la perpétration du délit. Un marchand de gibier ne peut-il pas s'entendre avec un braconnier pour lui acheter tout le gibier qu'il tuera? Oui, assurément. Il n'y a, dès lors, pas lieu de dire que les délits de chasse sont plus personnels que les autres délits, et qu'en conséquence, les règles de la complicité établies par le code pénal ne leur sont pas applicables. Les délits de chasse sont, en somme, des délits comme tous les autres. En fait et en droit, ils peuvent donner lieu comme tous les autres délits à l'application des règles de la complicité. La cour de cassation a répondu, d'une façon péremptoire, dans un arrêt du 6 décembre 1839 (*Bulletin* n° 374, p. 568) à l'objection, ci-dessus, de la personnalité des délits de chasse qui exclurait la complicité.

Dans le même ordre d'idées, on a prétendu que les délits de chasse étant des espèces de contraventions, les règles générales en matière de complicité ne leur sont pas applicables, les contraventions ne donnant pas lieu à l'application des règles de la complicité en thèse générale.

Cette objection n'est pas plus fondée que les précédentes. Sans doute les infractions aux lois sur la chasse sont des espèces de contraventions; sans doute, elles peuvent exister indépendamment de toute intention délictueuse, mais, il ne s'ensuit pas, pour cela, que les règles de la complicité ne leur soient pas applicables. Où a-t-on vu que les règles de la complicité posées par le code pénal ne sont pas applicables aux délits de chasse? Nulle part. Les délits de chasse sont, en définitive, des délits. Pourquoi, dès lors, les règles du droit commun en matière de complicité ne leur seraient-elles pas applicables, comme elles sont applicables à tous les délits d'une façon générale? Il n'y a absolument aucune raison pour qu'elles ne le soient pas. Loin de là. Dans la thèse, que nous avons développée ci-dessus, nous établissons, au contraire, que, en raison et en droit, les règles générales en matière de complicité sont applicables, d'une façon générale, à la complicité en matière de chasse.

Telles sont, en résumé, les objections principales que l'on fait à la proposition générale que nous avons établie ci-dessus. Une autre objection, d'une certaine gravité, est soulevée au sujet de l'application spéciale de l'article 62 du code pénal aux matières de chasse, en d'autres termes, des principes du recel ordinaire au recel du gibier tué ou capturé en délit. Nous la réfuterons plus loin, lorsque nous suivrons le développement de notre proposition générale, dans ses applications pratiques, dans la matière du recel du gibier capturé ou tué en délit.

3. — Si, en principe, les règles de la complicité ordinaire sont applicables à la complicité en matière de chasse, il faut en tirer, tout d'abord, la conséquence que le complice n'est punissable qu'autant qu'il a connu le caractère délictueux de l'acte auquel il a prêté son concours, qu'il a aidé à le commettre en connaissance de cause, qu'il a recélé le gibier tué en délit, alors qu'il en connaissait l'origine délictueuse, plus généralement qu'il a agi *sciemment*, en d'autres termes, qu'il a été de mauvaise foi. Cela est de toute justice. Il n'y a pas de raison, en effet, pour que le complice d'un délit de chasse soit traité avec plus de sévérité que le complice d'un autre délit, et qu'il soit poursuivi abstraction faite de toute mauvaise foi de sa part. C'est dans ce sens que se sont prononcés tous ceux qui admettent la complicité en matière de chasse. C'est, également, dans ce sens que se sont prononcés les tribunaux en règle générale. (Voir les arrêts indiqués au nº 2.)

De ce que le complice, en matière de chasse, n'est punissable, comme en toute autre matière qu'autant qu'il a agi sciemment, il suit que c'est au ministère public, qui poursuit un complice en vertu de la loi du 3 mai 1844, à prouver sa mauvaise foi, en d'autres termes, à établir, notamment, qu'il a eu connaissance du caractère délictueux de l'acte auquel il a prêté son concours. Que s'il ne fait pas cette preuve, le complice doit être renvoyé des poursuites. Cette connaissance est, en effet, un élément essentiel du délit; si elle fait défaut, la poursuite manque de base, et il est impossible de prononcer une condamnation.

Dans quel cas le complice aura-t-il agi en connaissance de cause? Ce sera là une question de fait à décider souverainement par les tribunaux; leurs décisions, sur ce point, ne seront point soumises à la censure de la cour de cassation.

4. — Après avoir exposé les principes généraux de la complicité en matière de chasse, il nous reste à entrer dans les détails du sujet.

L'article 60 du code pénal prévoit trois classes de faits constitutifs de complicité d'après le droit commun. Ils sont, également, constitutifs de complicité en matière de chasse en vertu du principe que nous avons établi ci-dessus (nº 2). Si, en droit commun, il y a complicité de la part de celui qui a provoqué à commettre un crime ou un délit, à l'aide des moyens énumérés dans le § 1er de l'article 60, il y a aussi, complicité de la part de celui qui a provoqué à commettre un délit de chasse au moyen de dons, promesses, menaces, abus d'autorité ou de pouvoir, machinations ou artifices coupables. Tel est le cas de celui qui aurait promis une somme d'argent à un braconnier, pour que ce dernier allât chasser en temps prohibé et lui apportât le produit de son délit.

Il y a lieu, également, de déclarer complices d'un délit de chasse ceux qui ont donné des instructions pour le commettre.

5. — De même, il y aura lieu de considérer comme complices ceux qui ont procuré à un délinquant de chasse des armes, des instruments, ou tout autre moyen de commettre un délit pareil, sachant qu'il devait servir à sa perpétration.

Telle est la solution qui a été consacrée, à bon droit, par la cour de Limoges, le 28 décembre 1854, dans une espèce où le prévenu avait fourni au chasseur le fusil qui avait servi à commettre un délit de chasse en temps prohibé, après lui avoir recommandé de lui tuer un lièvre. (*Annales Forestières,* t. VI, p. 297.) Considérant, dit fort bien cette cour, que les dispositions des articles 59 et 60 du code pénal sont générales, et s'appliquent à tous les crimes et délits, même à ceux qui sont prévus par des lois spéciales, à moins que des exceptions ne soient établies par ces lois elles-mêmes.

C'est, également, dans ce sens que s'est prononcée la cour de Rouen par un arrêt en date du 11 novembre 1875. (*Revue des Eaux et Forêts* 1878-1879, p. 161.) Dans l'espèce déférée à cette cour, il s'agissait d'un père de famille muni d'un permis de chasse qui avait passé son fusil à son fils, lequel était sans permis. Surpris en action de chasse, le fils fut traduit en police correctionnelle. La cour le condamna, en déclarant le père complice et civilement responsable.

Il ne pouvait y avoir aucune difficulté sérieuse dans ces deux espèces; en effet, les deux complices savaient très bien que le fusil qu'ils prêtaient, allait servir à commettre un délit de chasse; d'ailleurs, le père n'avait rien à opposer pour repousser la responsabilité qui lui incombait aux termes des articles 28 de la loi du 3 mai 1844, et 1384 du code civil.

C'est, aussi, à bon droit, que la cour de Rouen a décidé, par un arrêt du 4 décembre 1873 (Dalloz, 74, II, 135), que l'expéditeur qui adresse du gibier dans un département où la chasse n'est pas permise, peut être poursuivi comme coauteur ou *complice* du délit de transport de gibier en temps prohibé. Dans ce cas, en effet, l'expéditeur fournit au colporteur le moyen de commettre un délit.

En fait, d'ailleurs, la question de complicité se présentera, rarement, dans les cas ci-dessus; d'autre part, il sera difficile au ministère public d'établir la culpabilité du complice, en prouvant qu'il a connu l'usage auquel était destiné l'arme, l'instrument ou le moyen qui a servi à commettre le délit de chasse.

On peut citer, comme étant rendu tout à fait en sens contraire à ces trois décisions, un arrêt de la cour de Dijon du 28 novembre 1845. (Dalloz, 46,

II, 5.) Dans l'espèce soumise à cette cour, le propriétaire d'un grand parc très giboyeux avait prêté ses équipages de chasse à un sieur Robert du Gardier qui s'en était servi pour chasser en temps prohibé et avec des engins prohibés. La cour de Dijon a considéré, comme étant seul coupable, le chasseur qui dirigeait la chasse, et a renvoyé des fins des poursuites, non seulement celui qui avait prêté ses équipages, mais encore les traqueurs qui avaient concouru à l'accomplissement du fait de chasse, parce que, selon elle, ils ne devaient être envisagés que comme des instruments de chasse. Il y a, dans cette décision, une violation flagrante des principes de la complicité. Si, d'une façon générale, les règles de la complicité posées par les articles 59, 60 et 62 du code pénal sont applicables aux matières de chasse, ainsi que nous croyons l'avoir suffisamment établi plus haut (n° 2), il n'y a pas de raison de ne pas les appliquer au fait spécial de complicité par aide qui consiste à fournir sciemment les moyens, par exemple, les armes, qui servent à l'accomplissement du fait délictueux de chasse. La cour de Dijon n'invoque, d'ailleurs, aucun argument pour justifier sa décision en ce qui touche Robert du Gardier. Nous aurons à revenir sur cet arrêt qui est susceptible de critique à un autre point de vue, nous voulons dire au point de vue de l'irresponsabilité des traqueurs qu'il a proclamée d'une façon générale, en ne les considérant même pas, dans aucun cas, comme des complices.

6. — Nous arrivons au troisième cas de complicité prévu par l'article 60 du code pénal. Il a trait à ceux qui, avec connaissance, ont aidé ou assisté l'auteur du délit dans les faits qui l'ont préparé, facilité ou consommé.

En vertu des considérations que nous avons développées au n° 2 ci-dessus, le § 4 de l'article 60 du code pénal devra être appliqué à ceux qui ont aidé ou assisté des délinquants dans l'accomplissement du fait délictueux de chasse. Ainsi, il y aura lieu de considérer comme complice d'un délit de transport de gibier en temps prohibé, celui qui aura aidé le délinquant à placer le gibier sur ses épaules, et qui se sera chargé du fusil pour l'assister dans le transport. Telle est la solution qui a été consacrée par la cour de cassation le 10 novembre 1864. (*Bulletin* 1864, p. 441; *Ministère public*, t. VIII, p. 15.) De même, il faut décider qu'il y a, de la part d'un loueur de voitures, acte de complicité dans le fait de location à des braconniers, de voitures les transportant et les attendant sur le lieu du délit, alors que ce loueur connaissait les agissements des braconniers. Le tribunal de Melun a statué dans ce sens par un jugement en date du 5 janvier 1881. (Voir *France judiciaire*, II, p. 303.)

Dans la pratique, la disposition de l'article 60, § 4, du code pénal a presque toujours été appliquée aux auxiliaires de chasse, principalement aux traqueurs qui aident, qui assistent et qui accompagnent le chasseur principal. Elle a été appliquée dans un grand nombre de cas. Il faut reconnaître, d'ailleurs, qu'elle est de nature à être appliquée fréquemment.

La jurisprudence considère les traqueurs plutôt comme des complices d'un délit de chasse que comme des auteurs principaux, lorsque le chasseur principal qu'ils assistent a enfreint la loi du 3 mai 1844.

C'est ainsi que la cour de Rouen a décidé, par arrêt du 26 avril 1849 (*Annales Forestières*, t. V, p. 128; DALLOZ, 50, II, 69), que le traqueur peut être réputé plutôt *complice* du chasseur en délit, qu'il accompagne, que coauteur. C'est dans ce sens qu'a statué la cour de Lyon, le 28 mars 1865, en décidant que celui-là se rend complice du délit de chasse sans permis et en temps prohibé, qui accompagnant le chasseur est porteur d'un sac, et s'occupe à battre les genêts, et à chercher sur la neige la piste d'un lièvre. Considérant, dit cette cour « que Jean Lafay a été surpris chassant sans permis, en temps de neige, et en temps prohibé; considérant qu'il a été établi que Jean Lafay, seul armé d'un fusil, était accompagné de son frère Louis, porteur d'un sac, et que tous deux étaient occupés à battre une terre de genêts et à chercher sur la neige la piste d'un lièvre; qu'il résulte de ces faits que Louis aidait et assistait *sciemment* son frère dans la perpétration du délit de chasse qu'il commettait; qu'il s'est, ainsi, rendu son complice aux termes de l'article 60 du code pénal; qu'en effet, les principes sur la complicité établis dans les articles 59 et suivants du code pénal sont des dispositions de droit commun, s'appliquant aux délits de chasse comme à tous autres. » (*Ministère public*, t. VIII, p. 120.)

C'est ainsi, encore, qu'il a été jugé, par la cour de Rennes, le 11 avril 1866 (*Ministère public*, t. X, p. 255; — DUTRUC, *Mémorial du ministère public, Chasse*, n° 11; — *Revue des Eaux et Forêts*, 1868-1869, p. 32), que celui qui avec un bâton frappe des broussailles pour déloger un lièvre, sur lequel des chasseurs non munis d'un permis de chasse, en compagnie desquels il se trouve, viennent de tirer, se rend coauteur ou *complice* du délit de chasse commis par ces derniers.

Il a été décidé, également, par la cour de Colmar, le 29 mai 1866 (*Journal du Ministère public*, t. XIV, p. 50; — *Revue Forestière*, 1866-1867, p. 170), que les traqueurs employés comme auxiliaires par le chasseur, et dispensés à ce titre de se munir d'un permis de chasse, ne peuvent être réputés les complices de ceux à qui ils prêtent leur concours, à moins qu'il ne soit établi qu'ils aient participé sciemment à la perpétration du délit; spécialement, que le fait par les traqueurs d'avoir été rencontrés sur le terrain d'autrui ne les constitue pas en état de complicité du délit de chasse sur le terrain d'autrui sans permission, s'il n'est pas prouvé qu'ils aient connu les limites au-delà desquelles la chasse n'était pas permise.

Les principes appliqués par la jurisprudence aux auxiliaires, spécialement aux traqueurs, au cas de grande chasse, ont été appliqués, également, aux auxiliaires de petite chasse. C'est ainsi que la cour de Dijon, par un arrêt du 9 décembre 1874 (DALLOZ, 75, V, 87; *Revue For.*, 1878-79, p. 320), a décidé que le fait de tendre des raquettes pour prendre des petits oiseaux, alors qu'un arrêté préfectoral n'autorise la chasse de ces oiseaux qu'au fusil, constitue un délit de chasse avec engins prohibés, quel que soit le mobile qui ait dirigé le délinquant dans son action; qu'en conséquence, celui qui retend des raquettes posées par un tiers est punissable, soit comme auteur, soit comme *complice*, alors même qu'il prétendrait n'avoir agi que par les ordres et pour le compte de ce tiers.

Citons, enfin, un arrêt de la cour de Rouen, rendu le 26 février 1880 (*Revue des Eaux et Forêts*, 1880, p. 119). Aux termes de cette décision, si, en principe, celui qui fait l'office de traqueur n'a pas besoin d'être muni d'un permis, toutefois, celui qui, en connaissance de cause, facilite l'acte délictueux de la personne qui, au mépris d'un arrêté préfectoral, chasse en temps de neige, munie d'un fusil, doit, d'après les règles du droit commun, être poursuivi et puni comme complice.

Plusieurs auteurs considèrent, d'ailleurs, les traqueurs comme étant des complices lorsqu'ils aident un chasseur à commettre un délit de chasse (V. notamment Dutruc, *Mémorial du minist. public; Chasse*, n°s 11 et 15).

7. — Cette manière de voir est-elle bien juridique ? Faut-il voir, au contraire, des auteurs ordinaires d'un délit dans la personne des traqueurs qui prêtent leurs concours à un fait de chasse délictueux ? Avant de résoudre cette question, il y a lieu, tout d'abord, de se demander s'il y a un intérêt à considérer les traqueurs plutôt comme des complices que comme des auteurs principaux, des délinquants ordinaires de chasse. L'affirmative n'est pas douteuse. En droit, d'abord, il y a un intérêt considérable pour les traqueurs à être considérés plutôt comme des complices que comme des auteurs principaux d'un délit de chasse. Si les traqueurs doivent être envisagés comme des complices, les tribunaux ne pourront les condamner qu'autant qu'il sera établi qu'ils ont eu connaissance du caractère délictueux de l'acte auquel ils ont concouru ; l'article 60 du code pénal, en effet, exige cette *connaissance*, pour qu'il puisse y avoir complicité d'après le droit commun; cette circonstance doit, également, être exigée en matière de chasse, ainsi que nous l'avons établi ci-dessus (n° 3). Et, ce sera au ministère public à établir que c'est *sciemment* qu'ils ont participé à un acte de chasse délictueux, la circonstance, dont il s'agit constituant un élément essentiel de toute complicité.

Que si, au contraire, les traqueurs doivent être considérés comme des coauteurs, il y aura lieu pour les tribunaux de les condamner du moment qu'ils auront agi librement et volontairement, abstraction faite de toute connaissance du caractère délictueux de l'acte auquel ils ont prêté leur concours; d'autre part, le ministère public n'aura nullement à établir que les traqueurs ont participé sciemment à l'accomplissement du fait de chasse délictueux. Il devra seulement prouver que le fait matériel existe, car il est bien évident qu'il y aura lieu de présumer que l'acte imputé au traqueur a été volontaire et libre. Telles sont les conséquences principales qui résulteront de l'adoption de l'une ou l'autre des deux manières de voir ci-dessus. D'autres conséquences se produiront encore en sens opposé, selon que l'on adoptera l'une ou l'autre de ces opinions. *En droit*, il y a donc un grand intérêt à envisager les traqueurs soit comme des auteurs principaux d'un délit de chasse, soit comme des complices, au cas où ils s'associent à la perpétration d'un délit. On peut dire, d'une façon générale, qu'il y a autant d'intérêt à considérer les traqueurs plutôt comme des complices que comme des auteurs principaux d'un délit de chasse qu'il y en a à distinguer, d'après le droit commun, les complices d'un crime ou d'un délit des auteurs principaux.

Aucune des conséquences que nous venons d'indiquer ne se produira, évidemment, dans le système de ceux qui considèrent les traqueurs comme irresponsables à raison de leur participation à l'accomplissement d'un fait de chasse délictueux. Nous laisserons donc de côté cette dernière opinion, pour ne nous occuper que des deux autres qui sont formulées sur cette question.

Si, en droit, il y a un grand intérêt à considérer les traqueurs comme des complices au lieu de les envisager comme des coauteurs, au cas où ils ont concouru à l'accomplissement d'un fait de chasse délictueux, il faut bien reconnaître qu'en fait, il y a, également, intérêt à les envisager soit comme des auteurs, soit comme des complices, mais, cet intérêt existe à un degré moindre.

Dans bien des cas, en effet, il n'y a aucun intérêt à envisager les traqueurs plutôt comme des complices que comme des coauteurs. Cela a lieu notamment au cas de chasse en temps prohibé, la nuit, avec des engins prohibés, d'une facon prohibée, de même au cas d'infraction aux arrêtés légalement pris par les préfets en exécution de l'article 9 de la loi du 3 mai 1844. Dans ces diverses hypothèses, en effet, il paraît certain que les traqueurs, qui se sont associés à l'acte de chasse délictueux, sont punissables, en admettant même qu'il n'y ait lieu de ne les considérer que comme complices, en vertu de la maxime : nul n'est censé ignorer la loi. *Légalement*, ils connaissent les prohibitions édictées par la loi du 3 mai 1844, et les dispositions des arrêtés préfectoraux pris en exécution de cette loi; par conséquent, s'ils assistent un chasseur dans l'accomplissement d'un fait de chasse délictueux, on peut dire que c'est *en connaissance de cause* qu'ils agissent, et, dès lors, ils doivent être poursuivis comme les chasseurs principaux qui les emploient. Dans les divers cas que nous venons d'indiquer, ces traqueurs seraient mal venus à invoquer leur bonne foi et à soutenir qu'ils ne savaient pas que tel engin fût prohibé, que la chasse fût interdite pendant la nuit, ou que tel arrêté préfectoral prohibant, par exemple, la chasse en temps de neige, eût été publié. On serait en droit de leur répondre qu'ils ne doivent pas ignorer la loi et les dispositions des arrêtés préfectoraux. C'est, ainsi qu'il a été décidé par la cour de Caen, le 26 février 1880 (*Revue des Eaux et Forêts*, 1880, p. 119), que celui qui facilite l'acte délictueux de la personne qui, au mépris d'un arrêté préfectoral, chasse en temps de neige, munie d'un fusil, doit, d'après les règles du droit commun être, poursuivie et punie comme *complice*. C'est ainsi, également, qu'il a été jugé par un arrêt de la cour de Lyon du 28 mars 1865 (*Revue des Eaux et Forêts*, 1866-1867, p. 16; — *Ministère public*, t. VII, p. 120), que celui-là se rend complice du délit de chasse sans permis et en temps prohibé, qui, accompagnant le chasseur, est porteur d'un sac, et s'occupe à battre des genêts, et à chercher sur la neige la piste d'un lièvre.

La cour de Dijon, par un arrêt du 9 décembre 1874 (*Revue des Eaux et Forêts*, 1878-1879, p. 320), a décidé, dans le même sens, que celui qui tend des raquettes pour prendre des petits oiseaux, alors qu'un arrêté préfectoral n'autorise la chasse de ces oiseaux qu'au fusil, commet un délit de chasse avec engins prohibés, et que celui qui retend les raquettes posées par un tiers est punissable soit comme auteur, soit comme *complice*. En un mot, dans les divers cas ci-dessus, il y a lieu de condamner les traqueurs soit qu'on les considère comme des complices, soit qu'on les envisage comme des coauteurs. Il ne saurait y avoir de difficulté sérieuse, quel que soit le parti auquel on s'arrête en appréciant l'acte commis par eux, du moment que l'on admet leur responsabilité.

Que faut-il décider au cas de chasse sans permis? En principe, le traqueur est en faute s'il a assisté un chasseur non muni d'un permis dans l'accomplissement du fait de chasse, car il lui aurait été bien facile de se renseigner auprès de l'autorité pour savoir si le chasseur principal avait un permis; dès lors, en principe, il ne pourrait pas invoquer sa bonne foi pour soutenir qu'aucune poursuite ne saurait être exercée contre lui. En thèse générale, on pourrait dire que c'est avec connaissance de cause qu'il a facilité l'accomplissement d'un acte de chasse délictueux, et que, en conséquence, il y a lieu de le frapper au même titre que l'auteur principal, comme s'il avait chassé seul sans permis; par conséquent, en principe, il serait punissable même si on ne l'envisageait que comme un complice. Il pourrait, néanmoins, se présenter des cas où sa bonne foi ne serait pas douteuse, par exemple, si le chasseur qu'il accompagne prend habituellement un permis, si cela est de notoriété publique et si au moment où le délit de chasse est constaté, le permis de chasse est périmé depuis quelques jours. Dans ces hypothèses, il semble que, si on envisage le traqueur comme un complice, on ne devrait pas exercer de poursuites contre lui, tandis que si on le considère comme ayant commis personnellement un acte de chasse, il faudra le poursuivre quand bien même il serait de très bonne foi, c'est-à-dire, alors qu'il serait très fondé à penser que le chasseur qu'il assiste est muni d'un permis.

Même dans les divers cas où on pourrait croire qu'il a été de bonne foi, nous pensons que sa responsabilité serait engagée en vertu des principes généraux du droit, même si l'on adopte le système qui ne voit que des complices dans la personne des traqueurs qui s'associent à l'exécution d'un fait de chasse délictueux.

Il ne faut pas oublier, en effet, que si le traqueur est dispensé, d'après la jurisprudence, de l'obligation d'avoir un permis, c'est parce que le chasseur qu'il assiste en a un, et que le permis de ce dernier couvre ses actes. En principe, un permis de chasse est exigé pour l'accomplissement d'un acte de chasse quelconque, et la chasse n'est licite qu'à cette condition. Par conséquent, si elle fait défaut, comme nous le supposons, l'acte commis par le traqueur est illicite, et, logiquement, des poursuites doivent être exercées contre lui.

Du principe qu'un acte de chasse quelconque n'est licite qu'à la condition que celui qui l'accomplit est muni d'un permis, il suit que tout acte de chasse doit être présumé illicite si l'on n'établit pas que celui qui l'accomplit est muni d'un permis. Il suit de là, également, que le traqueur, pour être à l'abri de poursuites, doit établir que le chasseur principal est muni d'un permis, et que ce n'est pas au ministère public à faire cette preuve. Ces conséquences ont été consacrées par plusieurs décisions judiciaires, notamment par un jugement du tribunal de Guéret, rendu le 15 septembre 1876, et par un arrêt de la cour de cassation en date du 2 janvier 1880. (Voir *France judiciaire*, V, 2, 82.)

En un mot, soit que l'on considère le traqueur comme un chasseur véritable, un coauteur, soit qu'on l'envisage comme un simple complice, au cas où il assiste des chasseurs non munis de permis, il faut donner la même solution et le déclarer coupable du délit de chasse sans permis.

Il n'y a donc, en réalité, aucun intérêt, ou il n'y a que très peu d'intérêt, dans les diverses hypothèses que nous venons d'examiner, à rechercher s'il faut considérer les traqueurs plutôt comme des complices que comme des coauteurs.

Mais, la question présente un grand intérêt au cas de chasse sur le terrain d'autrui sans le consentement du propriétaire. Dans bien des cas, sans doute, les traqueurs connaîtront ou pourront connaître les limites des propriétés appartenant au chasseur qui les emploie; dans bien des cas, par conséquent, ils seront punissables, même si on ne les considère que comme des complices s'ils ont participé à l'accomplissement d'un fait de chasse sur le terrain d'autrui sans le consentement du propriétaire. Mais, souvent aussi, ils ne connaîtront pas les limites exactes des propriétés sur lesquelles le chasseur principal a le droit de chasse. Si on les considère comme complices, il est bien évident que, dans le cas où ils ne pourront pas connaître ces limites, aucune poursuite ne pourra être utilement exercée contre eux, car ils seront en droit d'invoquer leur bonne foi, en soutenant qu'ils n'ont pas agi en connaissance de cause. Que s'il faut, au contraire, les considérer comme coauteurs, ils pourront être poursuivis au même titre que les chasseurs principaux auxquels ils ont prêté leur concours, du moment qu'ils ont eu la volonté de chasser, abstraction faite de toute connaissance du caractère délictueux de l'acte qu'ils ont perpétré avec le chasseur principal.

La question présente, également, beaucoup d'intérêt au cas d'infraction aux clauses et conditions du cahier des charges relativement aux biens dont la chasse est louée au profit de l'État, des communes et des établissements publics. Parfois, les traqueurs pourront être de mauvaise foi, c'est-à-dire, pourront savoir qu'il y a eu infraction, mais, fort souvent aussi, ils seront de bonne foi et ne sauront nullement qu'il y a eu contravention au cahier des charges qui lie les adjudicataires. Selon que l'on admettra l'une ou l'autre des deux manières de voir ci-dessus, il y aura lieu de les poursuivre ou de ne pas exercer de poursuites contre eux. Dans d'autres cas encore, il y aura intérêt à prendre parti pour l'une ou l'autre de ces opinions. En fait et en droit, il y a donc beaucoup d'intérêt à considérer les traqueurs, soit comme des complices soit comme des coauteurs, s'ils s'associent à la perpétration d'un délit de chasse.

8. — A quel parti convient-il de s'arrêter? Ne faut-il voir dans les traqueurs que des complices au cas où un acte de chasse délictueux est accompli? Au premier abord, il semble que l'on doive répondre affirmativement : le traqueur ne joue, en effet, qu'un rôle secondaire, effacé, dans l'accomplissement du fait de chasse complet. Ordinairement, il se borne à faire lever le gibier, en poussant des cris, ou en battant les buissons, et à le pousser vers l'endroit où sont placés les chasseurs armés d'un fusil. C'est là son rôle principal. L'acte réel, à proprement parler, l'acte véritable, sérieux de la chasse, est accompli par le chasseur principal, porteur d'un fusil. Le traqueur, du reste, ne travaille pas pour lui-même, mais pour le chasseur principal, qui, assez souvent, est son maître ou son patron. Le bénéfice aussi bien que l'agrément de la chasse revient au chasseur principal. Il y a plus. L'auxiliaire de chasse n'est, ordinairement, qu'un malheureux, un homme de peine, un manœuvre qui a besoin de gagner sa vie; il est, par suite, habituellement, sous la dépendance plus ou moins étroite du chasseur principal qui l'emploie. Pourquoi, dès lors, à raison de ces diverses circonstances, ne pas l'exonérer de toute responsabilité? Pourquoi, tout au moins, ne lui imputer une responsabilité quelconque que s'il a su qu'il s'associait à la perpétration d'un délit? D'ailleurs, le fait auquel se livre le traqueur ne paraît-il pas rentrer dans les termes formels de l'article 60 du code pénal? Oui, incontestablement. Il assiste, en effet, le chasseur principal dans les faits qui préparent, qui facilitent ou qui consomment l'acte de chasse. Pourquoi, dès lors, ne pas l'envisager comme un complice, et ne pas le déclarer responsable dans le cas où c'est avec connaissance de cause qu'il a prêté son concours à la perpétration d'un délit de chasse?

Cette manière de voir, qui paraît juste, logique et conforme à la loi, est-elle, en réalité, juridique? Nous ne le pensons pas. Considérer le traqueur comme un simple complice, lorsqu'il commet, en compagnie du chasseur qui l'emploie, un délit de chasse, c'est, selon nous, violer les vrais principes du droit en matière de chasse, c'est méconnaître le rôle qu'il joue, en réalité, dans l'accomplissement du fait complet de chasse. Il est de jurisprudence, en effet, que les faits de chasse délictueux sont punissables abstraction faite de toute intention délictueuse du délinquant, en d'autres termes, quand même le délinquant serait de bonne foi, du moment que ces faits ont été accomplis librement et volontairement.

Cette doctrine a été consacrée par de nombreux arrêts à l'égard de toutes sortes de chasseurs, et au cas d'infractions de toutes natures. Pourquoi ne pas l'appliquer au traqueur? Pourquoi ne pas le mettre sur la même ligne que le chasseur principal, et pourquoi ne le frapper d'une condamnation que s'il a connu le caractère délictueux de l'acte auquel il a concouru, si, en définitive, il accomplit un acte de chasse? Il n'y a pas de raison, en droit, selon nous, soit pour l'exonérer de toute responsabilité, ainsi que l'a décidé un arrêt de la cour de Dijon en date du 28 novembre 1845 (Dalloz, 46, II, 5), soit même pour l'envisager comme un complice. N'accomplit-il pas, en réalité, un acte de chasse en traquant? Oui, sans aucun doute. La chasse, d'après la définition des auteurs, consacrée, d'ailleurs, par la jurisprudence, consiste, en effet, dans la recherche, la poursuite et la capture du gibier. Un de ces faits suffit pour constituer un acte de chasse. Et, à ce sujet, il faut reconnaître que la jurisprudence est allée très loin. C'est ainsi que la cour de cassation a décidé que la quête de gibier à trait de limier constitue un acte de chasse. Il a été jugé, également, que l'on commet un délit de chasse en laissant chasser son chien sur le terrain d'autrui, ou en temps prohibé si on ne le rappelle pas, le silence du chasseur étant considéré comme une sorte d'acquiescement à l'acte de chasse accompli par le chien. S'il en est ainsi, si, notamment, on peut commettre un délit de chasse par l'intermédiaire d'un chien en le laissant poursuivre ou rechercher une pièce de gibier quelconque sans le rappeler, il est bien certain qu'il faut considérer comme chassant le traqueur qui pousse des cris, bat des genêts, des épines ou des broussailles pour faire lever le gibier, et le pousser vers les chasseurs qui l'attendent armés de fusils. Le traqueur a, en définitive, pour mission spéciale de rechercher le gibier, de le poursuivre et de le pousser vers un poste déterminé. Le fait, auquel il se livre, suffit pour constituer l'acte de chasse. La jurisprudence appelée à interpréter la loi du 3 mai 1844, et à définir le mot « chasser » n'exige que la recherche du gibier pour caractériser l'acte de chasse, bien entendu avec la volonté de l'accomplir; or, le traqueur recherche le gibier, et il a, à un très haut degré, la volonté de le rechercher.

De ce que le traqueur accomplit un acte de chasse volontairement, bien qu'il ne joue pas le rôle principal dans l'accomplissement du fait complet de chasse, qui a pour objet la capture du gibier, il s'ensuit qu'il doit être assimilé au chasseur ordinaire, et que les principes généraux du droit, en matière de chasse, doivent lui être appliqués, abstraction faite de toute connaissance du caractère délictueux de l'acte auquel il a prêté son concours. Voilà pour la question de droit.

Si, juridiquement, le traqueur doit être considéré comme un coauteur lorsque le chasseur qui l'emploie commet un délit de chasse quelconque, en équité et en bonne justice, doit-il, au contraire, être à l'abri de toute responsabilité, ou ne doit-il pas encourir de responsabilité qu'autant qu'il a prêté, en connaissance de cause, son concours à un acte de chasse délictueux? Nous ne le pensons pas. Le traqueur est, en effet, un homme intelligent et libre comme les autres. Qu'importe qu'il soit habituellement un mercenaire chassant pour autrui; qu'importe qu'il soit dans une certaine dépendance vis-à-vis de celui qui le paie. Ces circonstances ne sauraient, selon nous, détruire ou même amoindrir sa responsabilité, alors qu'il a agi librement et volontairement, parce qu'en matière de chasse, il n'existe pas de circonstances atténuantes. Il agit, en effet, en toute liberté en prêtant son concours à un acte de chasse délictueux. Rien ne le force à s'associer à la perpétration d'un délit. Est-ce que le domestique qui commet un délit ordinaire avec son maître, ou seul, à l'instigation de ce dernier, et à son profit, n'en est pas moins responsable, et ne doit pas supporter personnellement les conséquences du délit commis? Oui, sans aucun doute. Pour être mercenaire et sous la dépendance d'autrui, il n'en est pas moins déclaré responsable et avec raison.

Si, en droit commun, l'état de dépendance dans lequel se trouve le domestique à l'égard de son maître, ne détruit pas son imputabilité pénale, à plus forte raison, peut-on dire que la dépendance, dans laquelle se trouve le traqueur, à l'égard du chasseur qui le paie et qui l'emploie, ne fait pas disparaître ou n'atténue même pas sa responsabilité, car, en matière de chasse, on fait abstraction, en thèse générale, de toute intention délictueuse, le fait matériel, s'il est délictueux, entraîne une condamnation contre celui qui l'a commis. Il n'y a donc pas d'injustice à frapper le traqueur. Il faut, en conséquence, tenir pour certain que le traqueur, qui prête son concours à un acte délictueux commis par le chasseur principal doit être puni, non pas comme complice mais comme coauteur.

Cette thèse a été consacrée, d'une façon formelle, par la cour de cassation dans deux arrêts rendus dans la même espèce, le premier, du 15 décembre 1870 (*Revue des Eaux et Forêts*, 1870 à 1873, p. 68; *Bulletin*, 70, p. 315), statuant sur le pourvoi formé par un sieur de Saint-Philbert, contre un arrêt de la cour de Douai, en date du 14 mars 1870, et, le second, du 16 janvier 1872, rendu, toutes chambres réunies, sur le pourvoi formé, également, par le sieur de Saint-Philbert contre un arrêt de la cour d'Amiens, en date du 30 mars 1871.

Dans l'espèce, qui était soumise à la cour de cassation, il s'agissait d'un chasseur, qui avait invité trois de ses amis à une partie de chasse. Des traqueurs avaient été chargés par les chasseurs de battre les terres pour faire lever le gibier et le pousser vers le lieu où ces derniers, armés de fusils, étaient embusqués. L'un d'eux, le nommé Fleury, apercevant une compagnie de perdrix, qui se dérobait, était entré sur une parcelle appartenant à un sieur de Saint-Philbert. Il était également établi, dans la cause, qu'il avait parcouru cette parcelle jusqu'à ce qu'il eût fait lever les perdrix qu'il poussait, ainsi, du côté des chasseurs, que ceux-ci avaient tiré sur les perdrix, et en avaient tué plusieurs. Il n'apparaît pas, du reste, résulter des faits de la cause relevés dans lesdits arrêts que les traqueurs, dont l'un d'eux, le nommé Fleury, n'était âgé que de 12 ans, connussent les limites des propriétés appartenant au chasseur principal.

La cour de Douai, devant laquelle avait été portée l'affaire, avait renvoyé des fins de la poursuite notamment le traqueur Fleury, par le motif que le traqueur « simple instrument obéissant à une volonté qui n'est pas la sienne, ne saurait jamais être responsable des faits par lui commis en sa qualité de traqueur. »

La cour de cassation, au contraire, pose, en principe, dans son arrêt du 15 décembre 1870, que la traque est un acte de chasse, et que, dès lors, elle ne peut s'exercer sur le terrain d'autrui qu'avec le consentement du propriétaire, même quand les traqueurs s'abstiennent d'entrer dans les propriétés. Elle ajoute qu'à défaut de ce consentement, il y a lieu de déclarer en délit non seulement les traqueurs, mais encore, les chasseurs demeurés en dehors du terrain, pour faire feu sur le gibier qui viendrait à y être levé, que le traqueur, bien que simple auxiliaire, agissant sous la responsabilité du chasseur, n'en est pas moins pénalement responsable, quand la chasse, à laquelle il prête son concours, est délictueuse, qu'il en est ainsi alors même que cet auxiliaire est un enfant, sauf aux juges, s'ils reconnaissent qu'il a agi sans discernement, à restreindre la condamnation du délinquant aux dommages-intérêts et aux frais du procès. La cour suprême ne s'est pas bornée à déclarer responsable, dans l'espèce, le chasseur principal. Elle a déclaré, également, responsables ceux qui avaient répondu à l'invitation qui leur avait été faite, en décidant que ceux qui acceptent une invitation de chasse, en assument toutes les conséquences pénales, et ne sont pas recevables, en cas de poursuites, à exciper de leur bonne foi, et que c'est à eux de s'assurer que le chasseur, qui la dirige, a le droit de chasser sur les terres où il les conduit, et que toutes les précautions ont été prises pour les mettre à l'abri d'un délit.

Nous ne saurions mieux faire, du reste, que de reproduire textuellement une partie dudit arrêt de la chambre criminelle rendu le 15 décembre 1870 :

Attendu, dit la cour suprême, que l'article 64 du code pénal n'admet comme fait justificatif que la force majeure et nullement l'obéissance que le manœuvre doit à celui qui l'emploie; que cette obéissance ne peut s'étendre jusqu'à ce qui blesse les lois et l'ordre public, et être admise en principe comme fait justificatif; que, dès lors, Fleury, âgé seulement de 12 ans, d'après l'arrêt dénoncé, s'étant rendu coupable d'actes de chasse délictueuse, n'aurait pu être acquitté qu'à défaut de discernement, au cas où cette circonstance aurait été constatée, que, même alors, il aurait dû être condamné aux dommages-intérêts s'il y avait lieu et aux frais du procès.

La cour de cassation a, en conséquence, annulé l'arrêt de la cour de Douai, et a renvoyé l'affaire devant la cour d'appel d'Amiens. Cette cour a jugé de la même manière, et a consacré à peu près, dans les mêmes termes, que celle de Douai, l'irresponsabilité des traqueurs. Voici, du reste, dans quels termes elle a statué en ce qui touche la question des traqueurs :

« Considérant que la traque est un moyen de chasse, et que les traqueurs ne sont que les instruments des faits des chasseurs; que c'est par ce motif que la jurisprudence a toujours dispensé les traqueurs de l'obligation du permis de chasse; que, par le même motif, aucune responsabilité ne peut leur être imputée pour avoir traqué sur le terrain d'autrui sans le consentement du propriétaire, alors qu'ils n'ont fait, comme dans l'espèce, que suivre les instructions des chasseurs; qu'aucun fait direct et personnel de chasse n'est d'ailleurs, relevé à la charge des traqueurs; qu'il n'est non plus relevé à leur charge aucun fait, qui établisse que c'est avec connaissance, ainsi que l'exige l'article 60 du code pénal, qu'ils ont aidé et assisté les chasseurs dans le délit par eux commis; d'où il suit qu'ils ne peuvent être considérés comme complices de ce délit. »

Saisies de la difficulté, les chambres réunies de la cour de cassation ont admis les principes consacrés dans l'arrêt rendu par la chambre criminelle, à peu près dans les mêmes termes que cette chambre.

« Attendu, dit notamment la cour suprême, qu'il résulte des constatations de l'arrêt attaqué qu'il y a eu concours réciproque, avec simultanéité de tous les inculpés au fait de chasse, que l'arrêt lui-même déclare délictueux; que c'est, en effet, pour les chasseurs embusqués, et uniquement pour eux, que Fleury traquait, tandis que, en même temps, ces derniers se tenaient embusqués pour atteindre et détruire le gibier qu'il leur envoyait; qu'ainsi, c'est par l'acte même de Fleury que la responsabilité des chasseurs a été engagée, tellement que leur culpabilité reconnue par l'arrêt a pour base le concours et le rapport de leurs actes avec ceux de ce dernier, par le fait duquel s'accomplissait le délit de chasse sur le terrain d'autrui; qu'ayant dès lors, volontairement participé à la perpétration d'un délit, le traqueur était responsable au même titre que les chasseurs, et qu'il n'a pu être affranchi de la responsabilité, sous prétexte qu'il n'aurait fait que se conformer aux ordres et aux instructions des chasseurs, ces ordres auxquels le traqueur, être intelligent et libre, avait toute faculté de ne pas se soumettre, ne pouvant être considérés comme rentrant dans l'exercice légal que l'article 64 fait résulter de la contrainte par une force à laquelle l'agent n'a pu résister. »

Dans les deux arrêts rendus par elle, la cour de cassation établit, dans les meilleurs termes, le principe que la traque est un acte de chasse, qu'en matière de délit de chasse, il n'y a pas lieu de considérer l'intention de commettre le délit, qu'en conséquence, il faut condamner toutes les personnes, traqueurs, chasseurs, ou invités qui ont participé à un acte de chasse délictueux, du moment qu'elles l'ont accompli librement et volontairement.

Ces arrêts sont d'autant plus remarquables que l'un des traqueurs, âgé seulement de 12 ans, ne savait guère s'il commettait un délit, et qu'il ne résulte pas des faits de la cause qu'aucun des traqueurs connût les limites des propriétés appartenant à celui qui les employait.

C'est là, en peu de mots, et d'une façon précise, la consécration formelle de la théorie que nous avons exposée ci-dessus à l'égard des traqueurs. On ne saurait mieux prouver que la traque est un acte de chasse et que, par conséquent, les principes applicables aux chasseurs principaux sont également applicables aux traqueurs. La cour de cassation ne subordonne, en aucune façon, la responsabilité des traqueurs à la circonstance qu'ils ont connu le caractère délictueux de l'acte auquel ils ont participé, dans l'espèce, les limites des propriétés de celui qui les employait. Elle n'exige, pour les déclarer responsables, que la liberté et la volonté de participer à l'acte de chasse.

La cour suprême a statué relativement à un fait de chasse sur le terrain d'autrui sans le consentement du propriétaire, mais, il est bien évident qu'il y a lieu d'étendre les principes qu'elle consacre à tous les cas où des faits délictueux de chasse ont été commis, notamment au cas où il y aura eu chasse en temps prohibé, la nuit, avec des engins prohibés, sans permis ou contrairement à un arrêté préfectoral interdisant la chasse en temps de neige.

Il y a d'autant plus lieu d'étendre à ces divers cas la solution consacrée par elle, que le traqueur, comme tout le monde, est censé connaître la loi, par conséquent, la date de la fermeture de la chasse, la prohibition de la chasse en temps de neige en vertu d'un arrêté préfectoral, et la disposition qui défend la chasse de nuit ou avec tels ou tels engins. Au cas de chasse sur le terrain d'autrui, il peut très bien ne pas connaître les limites des chasses appartenant à celui qui l'emploie. Si dans cette dernière hypothèse, il faut décider que sa responsabilité est engagée quoiqu'il puisse très bien ne pas connaître les limites des chasses appartenant à celui qui l'emploie, et être, par conséquent, de bonne foi, à plus forte raison, y a-t-il lieu de le déclarer responsable dans les diverses hypothèses indiquées ci-dessus, attendu qu'il ne saurait légalement invoquer sa bonne foi, en vertu de la maxime : « *nemo censetur ignorare legem* ». Il faut aller plus loin, et dire que les principes consacrés par la cour de cassation doivent être généralisés et appliqués à tous les cas où le traqueur a participé à l'accomplissement d'un délit de chasse quelconque.

Les deux arrêts de la cour de cassation qui consacrent, d'une façon si formelle, la thèse que nous soutenons, ne sont pas isolés. On peut encore invoquer d'autres décisions judiciaires pour soutenir cette thèse. Elle est consacrée, en quelque sorte, dans trois arrêts : 1° dans un arrêt de la cour de Rouen du 26 avril 1849; 2° dans un arrêt de la cour de Rennes du 11 avril 1866; 3° dans un arrêt de la cour de Dijon du 9 décembre 1874. Ces arrêts ont été indiqués ci-dessus (n° 6). Dans l'espèce, soumise à la cour de Rouen, le traqueur est considéré, il est vrai, plutôt comme un complice que comme un coauteur, mais, cette cour ne se refuse pas positivement à l'envisager comme un coauteur.

Les arrêts de Rennes et de Dijon sont plus explicites. Dans celui de Rennes, il s'agit d'un traqueur qui frappe des broussailles pour déloger un lièvre sur lequel des chasseurs non munis de permis viennent de tirer. Cette cour décide qu'il se rend *coauteur*, ou complice du délit de chasse commis par les chasseurs qui l'emploient.

Quant à la cour de Dijon, elle décide qu'un auxiliaire de petite chasse, qui retend des raquettes, pour un de ses parents, alors que ces instruments de chasse sont prohibés par un arrêté préfectoral, est punissable soit comme *auteur* soit comme complice.

On peut même citer, comme consacrant implicitement cette manière de voir un arrêt rendu, le 18 mars 1857, par la cour de Paris (Voir *Annales Forestières*, t. VII, p. 248), décidant que les traqueurs doivent être considérés ou comme chassant pour leur compte, armés qu'ils sont de bâtons qui peuvent être des armes contre le gibier, ou comme complices de chasseurs qu'ils aident en connaissance de cause, dans les cas où les chasseurs, en se cachant ou en se dérobant aux poursuites les abandonnent à eux-mêmes. Pourquoi ne pas les considérer comme des coauteurs, dans le cas où ils s'associent à un acte de chasse quelconque délictueux, alors que les chasseurs principaux sont connus et poursuivis? Il n'y a aucune raison, en principe, de distinguer entre les deux cas. Si, quand les chasseurs armés de fusils sont inconnus, et pour cette raison, restent impunis, on peut envisager les traqueurs comme auteurs d'un délit quand le fait, auquel ils s'associent, est délictueux, parce qu'en définitive ils sont munis de bâtons qui peuvent être des armes contre le gibier, il n'y aucune raison pour ne pas les envisager comme tels, alors que les chasseurs qui les emploient sont connus et poursuivis; d'une part, dans les deux cas, l'acte auquel ils s'associent, est le même, et, d'autre part, dans un cas comme dans l'autre, leur rôle est le même ainsi que l'arme dont ils se servent. La circonstance que l'auteur principal n'est pas connu, et parvient à se dérober, ne saurait ni aggraver ni atténuer le fait qu'ils commettent, rendre délictueux le fait auquel ils se livrent s'il est légitime. L'acte, auquel ils se livrent, étant par lui-même, délictueux dans ce cas, doit être considéré aussi comme délictueux au cas où le chasseur principal est l'objet de poursuites. Pour être logique, il faut, nécessairement, mettre sur la même ligne ces deux hypothèses.

Indépendamment des quatre arrêts ci-dessus qui peuvent, à la rigueur, être invoqués en faveur de notre thèse, deux décisions judiciaires nous semblent adopter, d'une façon nette et précise, les mêmes principes que ceux consacrés par la cour de cassation dans les deux arrêts que nous avons cités plus haut.

C'est, d'abord, une décision de la cour de Douai, du 9 février 1864, suivant laquelle le fait de parcourir un terrain sans la permission du propriétaire pour faire lever le gibier, et le rabattre vers un chasseur posté sur son propre héritage, constitue tant à la charge du chasseur qu'à celle des traqueurs, le délit de chasse sur le terrain d'autrui. (Voir *Revue Forestière*, 1866-1867, p. 88.) Telle est l'espèce sur laquelle la cour de cassation a eu à statuer.

C'est, ensuite, un jugement du tribunal de Neufchâteau rendu le 7 décembre 1872, et décidant qu'il y a délit de chasse dans le concours donné comme traqueur aux actes délictueux d'un chasseur, ayant pour but la recherche et la poursuite du gibier (Dalloz, 73, IV, 80).

Attendu, dit fort bien ce tribunal, en ce qui concerne le deuxième prévenu, que le fait, à raison duquel il est poursuivi, constitue un véritable fait de chasse, dans l'acception légale de ce mot, son concours comme traqueur aux actes de chasse posés par son frère ayant eu, ainsi que cela résulte des circonstances révélées par l'enquête, directement pour objet la recherche et la poursuite du gibier.

En vertu de ces deux décisions, il n'est pas nécessaire, pour qu'un acte de traque soit délictueux, que le traqueur ait vu qu'il s'associait à l'accomplissement d'un fait de chasse délictueux : il suffit qu'il ait librement et volontairement concouru à un acte de chasse délictueux, quel qu'il soit.

La thèse, que nous venons d'établir, il faut bien le reconnaître, est repoussée par un grand nombre de décisions judiciaires, que nous avons analysées en partie ci-dessus (nº 6). L'opinion que nous soutenons est, surtout, nettement repoussée par l'arrêt de la cour de Colmar du 29 mai 1866. Cette opinion a contre elle, aussi, la très grande généralité des auteurs, suivant lesquels les traqueurs sont de simples complices, au cas où ils ont participé à la perpétration d'un délit commis par l'auteur principal. C'est, notamment, l'opinion de M. Dutruc, *Mémorial du Ministère public*, nºs 12 et suiv. *Chasse.*

Ce qu'il y a d'extraordinaire, c'est que quelques auteurs soutiennent, en rapportant l'arrêt rendu, toutes chambres réunies, par la cour de cassation, le 16 janvier 1872, que cette décision ne fait que confirmer la doctrine des auteurs qui assimilent les traqueurs à de véritables complices, lorsqu'ils connaissent les circonstances dans lesquelles s'accomplit le fait de chasse auquel ils concourent volontairement, doctrine qui n'est elle-même que l'application de la théorie plus générale, d'après laquelle les règles ordinaires de la complicité s'étendent aux délits de chasse. Telle est, notamment, l'opinion de M. Dutruc, rédacteur principal du journal le *Ministère public*. (Voir t. XV, p. 201.)

C'est bien à tort, selon nous, que l'on invoque l'arrêt de la cour de cassation en faveur de cette doctrine. Cet arrêt est tout à fait contraire à celui de la cour de Colmar cité plus haut, et invoqué par M. Dutruc, arrêt qui ne considère les traqueurs que comme des complices, et non des coauteurs, au cas où ils s'associent à l'accomplissement d'un acte de chasse délictueux.

L'arrêt de la cour de Colmar, en s'appropriant les motifs du jugement du tribunal de Saverne décide qu'on peut admettre, en thèse générale, que les traqueurs, considérés comme instruments de chasse, doivent être affranchis de toute pénalité à raison des faits de chasse pour l'accomplissement desquels leur concours est nécessaire; que cette règle doit, néanmoins, fléchir pour toutes les infractions qu'ils commettent *sciemment*, ou lorsqu'ils en assument la responsabilité en célant le nom des chasseurs en contravention.

Tout différents sont les principes consacrés par la cour de cassation. Cette cour dispose, en effet, que les traqueurs, ayant volontairement participé à la perpétration d'un délit, doivent être responsables au même titre que les chasseurs. Elle établit donc, en thèse générale, la règle de leur responsabilité, et les déclare responsables s'ils ont eu la volonté de commettre l'acte de chasse, abstraction faite de toute intention délictueuse de leur part, en d'autres termes, abstraction faite de la connaissance du caractère délictueux du fait auquel ils ont prêté leur concours; or, la cour de Colmar pose une règle absolument contraire, celle de l'irresponsabilité pénale pour les traqueurs, et n'y apporte une exception que pour le cas où ils ont connu le caractère délictueux de l'acte de chasse auquel ils se sont associés. En d'autres termes, au cas de délit, la cour de cassation envisage les traqueurs comme des coauteurs, et, la cour de Colmar, au contraire, ne les envisage que comme des complices.

Après avoir établi que les traqueurs doivent être considérés comme des coauteurs, et non comme des complices, au cas où ils ont participé à la perpétration d'un délit, il nous reste à répondre aux objections présentées par ceux qui admettent la thèse absolue de l'irresponsabilité des traqueurs dans tous les actes de chasse, et par ceux qui soutiennent que les traqueurs ne sont responsables qu'autant qu'ils ont eu connaissance du caractère délictueux du fait auquel ils ont prêté leur concours.

D'abord, dit-on, les traqueurs ne font qu'exécuter les ordres du chasseur principal; ce ne sont que des instruments de chasse. Tenus, à ce titre, de suivre l'itinéraire qui leur est tracé, d'obéir aux ordres qui leur sont donnés, il serait déraisonnable d'exiger qu'ils dussent vérifier ces ordres avant de les exécuter; donc, ils ne doivent pas encourir de responsabilité ni comme auteurs ni comme complices (arrêt d'Amiens), ou tout au moins, ils ne doivent encourir de responsabilité que relativement aux infractions qu'ils commettent sciemment (arrêt de Colmar).

Les traqueurs, à la vérité, peut-on répondre, sont des instruments de chasse. Ils font en quelque sorte l'office de chiens, mais, on ne saurait les assimiler à ces animaux. Ce sont des êtres intelligents et libres; dès lors, ils sont responsables des actes de chasse qu'ils auront commis librement et volontairement. Êtres intelligents et libres, ils peuvent discuter les ordres qui leur sont donnés. S'ils ont des doutes, pourquoi suivent-ils ces ordres? Pourquoi ne les vérifient-ils pas? Rien ne les empêche d'en vérifier la légitimité. La théorie émise par les arrêts de la cour de Douai, d'Amiens et de Colmar fait, en quelque sorte, abstraction de la personnalité du traqueur. Sans doute, le traqueur, le manœuvre est sous la dépendance de celui qui l'emploie, mais, cette dépendance n'exclut pas sa liberté. Cette dépendance ne saurait constituer un fait justificatif de la nature de ceux indiqués dans l'article 64 du code pénal. C'est ce que la cour de cassation dans son arrêt du 15 décembre 1870, déclare dans les meilleurs termes. (Voir la partie de l'arrêt citée plus haut.)

La traque, ajoute-t-on, n'est qu'un procédé accessoire de chasse, insuffisant par lui-même pour atteindre le but de la chasse; le traqueur se confond avec le chasseur principal; en conséquence, la loi ne l'a pas assujetti au permis de chasse; les mêmes raisons qui l'ont fait dispenser du permis doivent le protéger au point de vue de la responsabilité. (Arrêts de la cour d'Amiens et de Colmar.)

Une raison sérieuse, répondrons-nous, a conduit les tribunaux à dispenser le traqueur de l'obligation du permis. Cette dispense lui a été accordée principalement parce qu'il emprunte la personnalité du chasseur principal qui en a un, et parce qu'il s'abrite derrière lui, s'il est permis de s'exprimer ainsi. Mais, si le traqueur est dispensé d'un permis, lorsque le chasseur principal en a un, s'ensuit-il, nécessairement, que, si ce dernier est en contravention à la loi sur la police de la chasse, il n'encoure jamais aucune responsabilité en l'aidant ou en l'assistant? En aucune façon. Une pareille conséquence ne résulte nullement de la dispense de permis accordée au traqueur. En définitive, le traqueur est un homme; il est, par conséquent, responsable des actes qu'il accomplit avec d'autres lorsqu'ils sont délictueux. On comprend donc très bien que le traqueur soit dispensé de l'obligation du permis, alors que le chasseur en a un, sans que, pour cela, il soit totalement irresponsable, au cas où il s'est associé à la perpétration d'un fait délictueux. Il y a plus : il est de toute logique que le traqueur soit déclaré responsable, au cas où il a aidé un chasseur à commettre un délit de chasse. En lui accordant la dispense du permis, la jurisprudence a supposé que le chasseur principal était en règle avec la loi. Il suit, de là, que si ce dernier enfreint la loi, il n'y a plus de raison pour que le traqueur ne soit pas responsable dans les termes du droit commun; or, ainsi que nous l'avons prouvé ci-dessus, le traqueur, bien que ne jouant qu'un rôle secondaire et accessoire dans l'accomplissement du fait de chasse, doit être déclaré coupable lorsqu'il s'est associé à la perpétration d'un délit de chasse, ainsi que l'a décidé formellement la cour de cassation par les deux arrêts que nous avons cités plus haut.

Une troisième objection est formulée contre notre système de la façon suivante par nos adversaires : « la chasse n'est pas faite dans l'intérêt du traqueur; du moment qu'il ne profite pas du produit de la chasse, il ne saurait être puni comme auteur ou complice. »

On peut leur répondre que cette circonstance importe peu. Que l'on ait ou non intérêt à commettre un crime ou un délit, ou à participer à l'accomplissement d'un crime ou d'un délit, du moment qu'on l'accomplit, ou qu'on y participe comme complice, on doit être responsable. Quel que soit le but que l'on poursuit dans l'accomplissement d'un fait quelconque, et quelle que soit la personne qui doive en profiter, s'il est délictueux, la responsabilité de l'auteur de ce fait n'en est pas moins engagée. Le voleur est-il irresponsable quand c'est un autre que lui qui profite du larcin qu'il a commis? En aucune façon. Pourquoi n'en serait-il pas de même pour le traqueur? Pourquoi ce traqueur serait-il à l'abri de toute responsabilité parce que ce n'est pas lui, mais le chasseur principal, qui recueille le produit de la chasse. Il n'y a aucune raison juridique pour qu'il évite toute responsabilité.

Enfin, dit-on, si les auxiliaires indispensables pour certaines chasses devaient être exposés à encourir des pénalités sans rapport avec leur salaire pour toute infraction à la loi qui régit la matière, on rendrait, ainsi, illusoire, au moins onéreuse et difficile, l'exploitation des chasses affermées. (Arrêt de la cour de Colmar.)

Là n'est pas la question, peut-on répondre à nos contradicteurs. La question n'est pas de savoir si, en admettant notre thèse, on rend l'exploitation des chasses difficile, mais, la question est de savoir si la loi a entendu ne pas appliquer aux traqueurs les règles ordinaires en matière de chasse. La question est de savoir si les traqueurs, lorsqu'ils accomplissent un acte de chasse délictueux avec le chasseur qui les emploie, sont responsables de cet acte de chasse au même titre que lui; or, pour nous, cela ne saurait faire de doute sérieux; la traque est, en effet, un acte de chasse, puisque le traqueur recherche le gibier. Si c'est un acte de chasse, ainsi que la cour de cassation l'a reconnu, pourquoi les traqueurs ne seraient-ils pas assimilés à tous ceux qui commettent des actes de chasse librement et volontairement, et, pourquoi leur appliquer les règles de la complicité à proprement parler. Y a-t-il, d'ailleurs, de l'injustice à faire peser sur le traqueur la responsabilité, qui incombe au chasseur principal quand, volontairement et librement, il a chassé en délit? En aucune façon. Le chasseur principal, adjudicataire de chasse, serait mal venu à se plaindre des poursuites exercées contre lui et le traqueur, ou contre ce dernier, par exemple, au cas de chasse en temps prohibé, et avec des engins prohibés, ou au cas d'infraction aux dispositions d'un arrêté préfectoral. Il ne pourrait même pas se plaindre au cas de délit de chasse sur le terrain d'autrui.

De deux choses l'une, en effet, ou il a donné l'ordre à son traqueur d'aller chasser sur le terrain d'autrui, en attendant sur la lisière de son terrain le gibier qui en sortirait, ou il ne lui en a pas donné l'ordre. Dans le premier cas, il n'aurait pas lieu de se plaindre, car il a, en réalité, chassé sur le terrain d'autrui par l'intermédiaire du traqueur. Dans le second cas, en principe, il est vrai, il faudrait le déclarer responsable, mais n'est-il pas en faute? N'a-t-il rien à se reprocher? Pourquoi ne faisait-il pas un meilleur choix? Quant au traqueur, dans le second cas, comme dans le premier, en d'autres termes, que son maitre lui ait donné ou non l'ordre de chasser sur le terrain d'autrui, il serait, également, mal fondé à se plaindre des poursuites dirigées contre lui, car, en définitive, il est un homme comme un autre, et doit, par conséquent, encourir la responsabilité de ses actes. En fait, au surplus, il est à remarquer que, le plus souvent, les traqueurs étant nés dans le pays où ils exercent leur métier, connaissent très bien les limites des propriétés des chasseurs qui leur donnent des instructions; par suite, en thèse générale, ils seront mal fondés, même en fait, à se plaindre de ce qu'ils encourront des poursuites. Au surplus, en quoi l'exploitation d'une chasse sera-t-elle plus difficile parce qu'on aura appliqué des pénalités aux traqueurs qui ont chassé sur le terrain d'autrui? En fait, sera-t-il plus difficile d'en trouver? Cela est possible, mais cela n'est pas certain. Les traqueurs, comme nous l'avons déjà fait remarquer, sont habituellement des mercenaires, des malheureux ; ils savent très bien que, s'ils encourent une peine, le chasseur qui les emploie, payera presque toujours l'amende et les frais du procès.

Y aurait-il, du reste, un inconvénient à faire respecter la loi davantage, et à faire rendre les traqueurs plus circonspects? Nous ne le pensons pas. Loin de là. Les vrais chasseurs devraient, au contraire, se rallier au système qui a pour résultat de rendre les traqueurs plus prudents, plus circonspects, et de les empêcher d'aller, aussi souvent, dans les propriétés dont la chasse n'appartient pas à celui qui les emploie, parce qu'ils sauront qu'ils peuvent être déclarés personnellement responsables.

Nous n'avons parlé jusqu'ici que des traqueurs, parce que ce sont les auxiliaires que l'on emploie, le plus souvent, dans l'accomplissement du fait de chasse, mais, par identité de raisons, les solutions que nous avons données relativement à eux devront être données, aussi, à l'égard des autres auxiliaires de chasse qui jouent à peu près le même rôle qu'eux dans l'accomplissement du fait de chasse, des *piqueurs*, par exemple, ou des tendeurs de lacets ou de raquettes qui remplissent à peu près la même mission que les traqueurs, au cas d'exercice de la petite chasse.

9. — De ce que la traque est un acte de chasse, il en résulte que les principes du droit applicables au chasseur principal devront être, en thèse générale, appliqués aux traqueurs. Il en résulte, notamment, qu'en principe, toutes les fois que le chasseur principal aura commis un acte de chasse délictueux, l'auxiliaire de chasse, spécialement le traqueur, sera aussi punissable, et devra subir le même sort que lui, abstraction faite de toute connaissance du caractère délictueux de l'acte de chasse à l'accomplissement duquel il a participé, pourvu qu'il ait prêté son concours librement et volontairement. Le ministère public n'aura pas à établir que le traqueur avait eu connaissance du caractère délictueux de l'acte à l'accomplissement duquel il a concouru. Il lui suffira d'établir la participation du traqueur à l'accomplissement de l'acte délictueux pour qu'il obtienne une condamnation contre lui, car évidemment, le traqueur devra être réputé avoir agi librement et volontairement. Il y aura lieu pour lui de poursuivre le traqueur, au même titre que le chasseur principal, non seulement au cas où il aura agi sciemment et de mauvaise foi, mais encore dans tous les cas où il aura pu ignorer qu'il s'associait à un acte délictueux.

Si l'on admet que les traqueurs, plus généralement, les auxiliaires de chasse, ne doivent être envisagés que comme des complices, il est bien évident que le rôle du ministère public sera plus difficile. Il devra établir non seulement la participation de l'auxiliaire à l'accomplissement du fait de chasse, mais encore sa mauvaise foi, c'est-à-dire, prouver qu'il a agi sciemment, connaissant le caractère délictueux de l'acte auquel il a prêté son concours.

Du reste, si, en droit, il y a lieu pour le ministère public de poursuivre le traqueur au même titre que le chasseur principal, et pour le tribunal de le condamner *personnellement* comme le chasseur, sa responsabilité pénale étant la même que celle de ce dernier, il est à remarquer que, bien souvent, le chasseur principal couvrira le traqueur, et payera pour lui l'amende, les frais et les dommages-intérêts auxquels il pourra être condamné, en sorte que le traqueur n'encourra une pénalité que pour la forme, dans bien des cas.

Notons, d'autre part, qu'assez souvent, l'auxiliaire de chasse ne sera que le domestique du chasseur, et que, par conséquent, au cas où un délit a été commis, les tribunaux devront déclarer le chasseur principal responsable, en thèse générale, du moins, par application des articles 28 de la loi du 3 mai 1844 et 1384 du code civil.

En fait, donc, la responsabilité pénale, imputable à l'auxiliaire de chasse rejaillira, fort souvent, sur le chasseur qui l'occupe, en ce sens, du moins, que les conséquences pécuniaires en seront supportées par lui.

10. — Nous arrivons au cas de complicité par recel, c'est-à-dire, à l'application de l'article 62 du code pénal aux matières de chasse.

Le législateur, en posant les règles générales de la complicité dans le code pénal, a considéré comme complices non seulement ceux qui ont aidé les auteurs principaux dans la perpétration des actes délictueux, ou qui ont facilité ces actes délictueux, en d'autres termes, ceux qui ont pris une part plus ou moins directe à l'accomplissement du fait délictueux, mais encore ceux qui, n'y ayant pris aucune part, ont recelé sciemment les choses enlevées, détournées ou obtenues à l'aide d'un crime ou d'un délit, en vertu de l'adage : « sans receleurs il n'y aurait pas de voleurs, » parce que les receleurs profitent du vol et assurent l'impunité du voleur. Telle est la disposition formulée dans l'article 62 du code pénal. Convient-il d'appliquer cet article aux faits de chasse ?

Certains auteurs qui se sont occupés des questions de chasse, notamment MM. Berriat Saint-Prix et Rogron soutiennent la négative. Le gibier, disent-ils, est une chose *nullius ;* dès qu'il est capturé, il appartient à celui qui s'en est emparé ; par suite, il lui est loisible de le donner à qui bon lui semble, puisqu'il en a la possession légitime, sans que celui qui le reçoit commette un délit quelconque.

Telle n'est pas notre manière de voir. La doctrine, soutenue par ces auteurs, ne nous semble nullement juridique. Si le législateur a considéré que le recel d'une chose volée, escroquée ou détournée, doit être assimilé au vol lui-même, à l'escroquerie ou au détournement de cette chose, il y a lieu, en raison, d'assimiler le recel d'une pièce de gibier tuée en délit, au recel d'une chose volée, plus généralement obtenue à l'aide d'un délit. Est-ce que les receleurs de gibier ne sont pas moralement coupables, toute proportion gardée bien entendu, comme les receleurs des choses volées ou obtenues à l'aide d'un crime ou d'un délit? Oui, sans aucun doute.

S'il est vrai de dire qu'il n'y aurait pas de voleurs s'il n'y avait pas de receleurs, n'est-il pas vrai de dire, également, que, s'il n'y avait pas d'acheteurs de gibier tué en délit, il n'y aurait pas de braconniers non plus ? Il est bien certain que, s'il y avait moins de personnes pour acheter du gibier tué en délit, il y aurait beaucoup moins de braconniers, et il serait peut-être plus exact de dire « sans receleurs de gibier il n'y aurait pas de braconniers » que de déclarer que » sans receleurs il n'y aurait pas de voleurs » ; le voleur est, en effet, dans bien des cas, son propre receleur ; le braconnier, au contraire, consomme rarement lui-même le produit de la chasse délictueuse qu'il a faite ; presque toujours, il vend son gibier. En raison, il n'y a donc pas de motifs de ne pas mettre sur la même ligne, au point de vue de l'imputabilité pénale, les receleurs de gibier et les receleurs d'objets volés, détournés, ou obtenus, d'une façon quelconque, à l'aide d'un crime ou d'un délit. Les motifs qui ont déterminé le législateur à envisager le receleur comme un complice de celui qui a obtenu les choses enlevées à l'aide d'un crime ou d'un délit, doivent nous déterminer à considérer comme un complice du braconnier celui qui tient de lui son gibier, d'une façon quelconque, s'il en connaissait l'origine délictueuse.

Si la raison est favorable à notre système, le texte de la loi vient le corroborer. L'article 62 est, en effet, aussi absolu que possible : il dispose que ceux qui *sciemment* recèlent des choses volées, détournées ou obtenues à l'aide d'un crime ou d'un délit, sont considérés comme complices de ce crime ou de ce délit. Dans sa généralité, il comprend donc tous les délits quelconques, les délits de chasse, aussi bien que les délits de droit commun. Il s'applique, dès lors, à ceux qui recèlent des choses volées ou détournées à l'aide d'un crime ou d'un délit de droit commun. Cette manière de voir est admise par un grand nombre d'auteurs, qui, d'une façon générale, appliquent aux règles de chasse les règles ordinaires sur la complicité établie par le code pénal. (V. notamment MM. Duvergier, *Collection des lois* 1844, p. 136 ; — Giraudeau et Lelièvre, n° 113 ; — Dutruc, *Mémorial du ministère public*, n° 11.)

C'est, également, l'opinion consacrée par un grand nombre de décisions judiciaires. Plusieurs arrêts décident, en effet, d'une façon générale, que les règles ordinaires de la complicité sont applicables aux matières de chasse. Ils admettent donc que l'article 62 du code pénal s'applique aux receleurs de gibier aussi bien qu'aux receleurs de choses obtenues à l'aide d'un crime ou d'un délit de droit commun. (V. les arrêts indiqués ci-dessus au n° 2.)

Vainement objecte-t-on aux partisans de cette doctrine que le chasseur étant devenu propriétaire, par droit d'occupation, même du gibier capturé en délit, celui à qui il le remet ne peut pas commettre de délit quand bien même il reçoit sciemment le gibier ainsi capturé.

Sans doute, peut-on répondre, le gibier est chose *nullius*, et, par suite, il appartient au premier occupant, quand même il a été tué sur le terrain d'autrui, ou d'une façon générale, contrairement à la loi, mais, suit-il de là que celui qui le reçoit ne doive jamais être envisagé comme un complice ? Pas le moins du monde. Celui qui s'est servi de l'arme de son voisin pour tuer une pièce de gibier en délit n'en devient-il pas propriétaire alors que celui qui a fourni sciemment l'arme qui a servi à capturer cette pièce de gibier est punissable comme complice ? Oui, sans aucun doute. La circonstance, que celui qui a tué en délit d'une façon quelconque une pièce de gibier, en devient légitime propriétaire, n'empêche nullement les règles de la complicité édictées par l'article 60, § 3, du code pénal, par exemple, de recevoir leur application. Cette circonstance ne doit pas empêcher non plus l'application de la complicité spéciale établie par l'article 62 du code pénal au recel du gibier tué en délit. Il n'y a, en effet, aucune raison de distinguer entre les différents cas de complicité prévus par les articles 60 et 62 du code pénal.

D'ailleurs, le texte de l'article 62 ne distingue pas, et, là où la loi ne distingue pas, le commentateur et le juge ne doivent pas distinguer non plus. Cet article met sur la même ligne tous les cas de complicité pour recel. Les règles du droit commun, au cas de complicité par recel, sont donc applicables aux matières de chasse.

Tenons donc pour certain que l'article 62 du code pénal doit être appliqué, d'une façon générale, au cas de recel de gibier tué en délit.

11. — Ce principe posé, il nous reste à indiquer les principales applications qui doivent en résulter.

D'abord, y a-t-il lieu d'en faire application à ceux qui auraient recelé des œufs ou des couvées de perdrix, de faisans et de cailles qu'ils sauraient avoir été pris sur le terrain d'autrui?

Cela ne peut faire aucun doute à nos yeux. L'article 4 de la loi du 3 mai 1844 interdit de prendre ou de détruire sur le terrain d'autrui des œufs ou des couvées de faisans, de perdrix et de cailles. L'article 11 de la même loi édicte la peine attachée à la violation de cette prohibition. C'est là une disposition nette et précise, et il n'y a aucune raison pour que les principes de la complicité par voie de recel ne lui soient pas applicables. Telle est, d'ailleurs, la solution qui a été consacrée, le 20 janvier 1877, par la cour suprême (*Revue des Eaux et Forêts* 1878-1879, p. 43; *Bulletin* 1877, p. 51), dans une espèce où un père de famille avait gardé et mis à couver sous une poule des œufs de perdrix que son fils lui avait apportés en lui faisant connaître qu'il les avait dérobés sur le fonds d'autrui. La cour de cassation a fort bien décidé que la rétention volontaire de la chose détournée, jointe à la connaissance du détournement, constituant le recel, il y avait lieu de condamner le père de famille pour complicité, en vertu de l'article 62 du code pénal, quand bien même il avait été dans l'impossibilité de remettre les œufs dans le nid, et, par conséquent, alors qu'il n'y avait eu, dans la cause, aucune intention délictueuse de sa part.

12. — L'article 4, § 1er, de la loi du 3 mai 1844 établit un cas de complicité spéciale, et l'article 12, § 4, de la même loi, édicte la pénalité applicable au cas d'infraction à cet article. Faut-il appliquer cette pénalité au cas de vente, de mise en vente, d'achat, de colportage ou de transport du gibier

tué pendant un temps de neige où la chasse se trouve momentanément interdite par un arrêté préfectoral pris en vertu de la disposition finale de l'article 9 de la loi du 3 mai 1844?

L'affirmative ne semble pas douteuse au premier abord. En effet, l'article 4 dispose formellement que, dans chaque département, il est interdit de mettre en vente, de vendre, d'acheter, de transporter et de colporter du gibier pendant le temps où la chasse n'y est pas permise; or, dans l'hypothèse que nous faisons, la chasse n'est pas permise, puisqu'elle est momentanément suspendue par un arrêté pris par le préfet en vertu des pouvoirs qui lui sont confiés. Pourquoi, dès lors, ne pas appliquer à ce cas la pénalité édictée par l'article 12 de ladite loi? Ne peut-on pas ajouter, d'ailleurs, que l'esprit de la loi vient corroborer cette manière de voir. Du moment que le législateur édictait la prohibition de la chasse pendant un certain temps, il fallait, logiquement et nécessairement, qu'il prohibât le colportage du gibier pendant cette période, car si le colportage eût été permis, la disposition prohibitive de la loi n'aurait reçu aucune sanction. C'est ce qu'il a fait, dans l'article 4, en interdisant, d'une façon absolue, tout colportage de gibier pendant le temps où la chasse est prohibée. Il doit en être de même, peut-on dire, quant au colportage du gibier pris en temps de neige, alors qu'un arrêté préfectoral interdit momentanément la chasse.

Cette manière de voir paraît juridique tout d'abord, mais, au fond, elle ne l'est pas : les vrais principes du droit la repoussent.

La loi du 3 mai 1844 édicte des peines différentes contre ceux qui ont chassé en temps prohibé, et ceux qui ont contrevenu aux arrêtés préfectoraux interdisant la chasse en temps de neige. L'article 12, § 4, de cette loi frappe, en effet, d'une peine de 16 à 100 francs d'amende ceux qui ont chassé en temps prohibé, avec faculté pour les tribunaux de prononcer un emprisonnement de 6 jours à 2 mois. L'article 11, § 3, au contraire, ne prononce qu'une amende de 16 à 100 francs contre ceux qui ont enfreint les arrêtés préfectoraux prohibant la chasse en temps de neige. Pour être logique, le législateur a prononcé la même peine contre ceux qui ont mis en vente, vendu, acheté, colporté ou transporté du gibier pendant le temps où la chasse est prohibée, que contre ceux qui ont chassé pendant la même période. Aucune disposition pareille n'a été écrite dans l'article 11 de ladite loi à l'égard de ceux qui ont mis en vente, vendu, acheté, transporté ou colporté du gibier pendant le temps où la chasse est momentanément interdite en temps de neige par un arrêté préfectoral. Il suit, évidemment, de là que le colportage, le transport, la mise en vente, la vente et l'achat du gibier pris pendant que la chasse est momentanément interdite en temps de neige, en vertu d'un arrêté préfectoral, ne constituent pas le délit particulier prévu et réprimé par les articles 4 et 12 de la loi du 3 mai 1844.

Cette proposition est conforme aux principes généraux du droit en matière de complicité spéciale. Le législateur a fait du colportage du gibier tué en temps prohibé un cas spécial, un genre particulier de complicité. Il y a donc lieu d'interpréter, d'une façon étroite, les dispositions qui consacrent cette complicité particulière, c'est-à-dire, les articles 4 et 12 de la loi du 3 mai 1844. C'est là un principe consacré par la cour de cassation notamment par un arrêt en date du 26 juillet 1850. Cette cour, dans l'arrêt dont il s'agit, a décidé, avec beaucoup de raison, que les cas de complicité déterminés par une loi spéciale, sont limitatifs et ne peuvent être étendus en vertu des dispositions générales des articles 59 et 60 du code pénal. Que conclure de là sinon que le colportage du gibier pris en temps de neige, contrairement aux dispositions d'un arrêté préfectoral, ne constitue pas l'espèce particulière de complicité prévue par les articles 4 et 12, § 4, de la loi du 3 mai 1844 (Voir *J. du ministère public*, t. XI, p. 60.)

On peut objecter à cette thèse, il est vrai, que, aux termes de l'article 4 de la loi du 3 mai 1844, dans chaque département, il est interdit de mettre en vente, de vendre, d'acheter, de colporter ou de transporter du gibier pendant le temps où la chasse n'est pas permise ; que, par conséquent, tout colportage de gibier est prohibé, sous la sanction de l'article 12, § 4, pendant le temps où la chasse est momentanément interdite en vertu d'un arrêté préfectoral pris conformément à la loi.

Ce raisonnement n'est pas exact. On peut y répondre, d'une part, que l'article 4 venant immédiatement après l'article 3 qui autorise les préfets à déterminer l'époque de l'ouverture et celle de la fermeture de la chasse, se réfère évidemment à cet article, et que, par conséquent, il n'est applicable qu'au cas de colportage entre l'éqoque de la fermeture générale et celle de l'ouverture de la chasse, et non au colportage du gibier pendant le temps où la chasse est suspendue en temps de neige en vertu d'un arrêté préfectoral.

D'autre part, on peut ajouter que le législateur, en édictant, dans le § 4 de l'article 12, une peine sévère contre ceux qui colportent du gibier dans le temps où la chasse est prohibée, n'a entendu viser par ces mots « *le temps où la chasse est prohibée* » que l'intervalle compris entre le jour de la fermeture de la chasse et celui de l'ouverture. Le § 4 de l'article 12 vise, en effet, le § 1er du même article ; or, le § 1er a trait, bien certainement, à ceux qui chassent pendant cette période.

On peut faire remarquer surabondamment qu'en admettant l'opinion contraire, on arriverait à une anomalie choquante et à une injustice criante. Le fait de colportage du gibier en temps de neige serait, en effet, si on suivait cette opinion, puni d'une peine beaucoup plus sévère que le fait de chasse principal pendant le même temps ; or, un pareil résultat serait contraire à toute justice, et à tous les principes en matière de complicité.

On peut objecter, encore, qu'il est illogique de frapper d'une peine le fait de chasse en temps de neige, et de ne pas édicter une pénalité spéciale contre ceux qui colportent le gibier tué pendant cette période de prohibition momentanée.

A cela nous répondrons que, peut-être, le législateur eût dû prohiber, d'une façon spéciale, le colportage du gibier tué en temps de neige pendant une suspension momentanée de la chasse. Mais, là n'est pas, en réalité, la question. La question n'est pas de savoir ce qu'il eût dû faire, mais ce qu'il a fait, en réalité ; or, les considérations que nous avons développées ci-dessus démontrent que le colportage du gibier n'est pas puni comme délit spécial de complicité, sous la sanction de l'article 12, § 4, de la loi du 3 mai 1844, pendant le temps où la chasse est momentanément suspendue en temps de neige.

Nous n'avons parlé jusqu'ici, principalement que du colportage du gibier tué en temps de neige contrairement aux dispositions d'un arrêté préfectoral, mais de la généralité des termes des articles 12, § 4, de la loi du 3 mai 1844, et 4 de la même loi, il résulte que la solution que nous avons admise s'applique, également, à la mise en vente, à la vente, au transport et à l'achat du gibier tué ou capturé pendant ce temps, contrairement à un arrêté préfectoral, plus généralement à la rétention volontaire en vertu d'un fait quelconque, du gibier tué en temps de neige.

La doctrine que nous soutenons est celle qui a été admise par le gouvernement quelque temps après la promulgation de la loi du 3 mai 1844, dans la séance du 22 février 1845 (*Moniteur* du 23). Un député s'étant plaint de l'interprétation abusive que l'on avait voulu donner à la loi dans certains départements, le ministre de l'intérieur se leva et déclara qu'il avait toujours pensé qu'il n'était pas permis d'empêcher le transport du gibier en temps de neige, et qu'il avait donné des instructions aux préfets dans ce sens.

L'interprétation que nous venons de donner a été consacrée par la doctrine et par la jurisprudence. Parmi les auteurs qui l'admettent, nous citerons notamment : Dutruc, *Mémorial du ministère public; Chasse*, nos 45 et suiv.

Cette thèse a été appliquée quant à la mise en vente du gibier tué en temps de neige contrairement à un arrêté préfectoral, notamment par un jugement du tribunal de Saint-Amand, en date du 17 décembre 1857 (*Ministère public*, t. XI, année 1868, p. 58). Ce tribunal a décidé, avec beaucoup de raison, que le fait par un individu de mettre en vente du gibier dans son auberge pendant le temps où la chasse se trouve temporairement interdite par un arrêté préfectoral pris en exécution de la disposition finale de la loi du 3 mai 1844, n'est pas réprimé par l'article 12, § 4, de l'article 9 de la loi du 3 mai 1844.

C'est dans ce sens, également, que s'est prononcée la cour de Bourges, par un arrêt du 13 février 1868 (*Journal du ministère public*, t. XI, 1868, p. 58), en déclarant non délictueux le fait par un sieur Marjonnet d'avoir, à une époque où la chasse se trouvait défendue par un arrêté préfectoral, été trouvé porteur d'une grive, d'un sansonnet et de quatre autres oiseaux, qu'il venait d'acheter.

Citons aussi, comme consacrant cette thèse, un arrêt de la cour de Bastia du 3 décembre 1875 (*J. du ministère public* 1876, t. 19, p. 33), acquittant un nommé Bertucci, prévenu d'avoir été trouvé porteur d'un panier contenant 30 merles ou grives pris pendant le temps prohibé par un arrêté préfectoral.

Nous mentionnerons, enfin, trois arrêts de la cour de cassation, des 22 mars 1845, *Bulletin cass.*, p. 106; D., 45, I, 144; 18 avril 1845, *Bulletin*, p. 142; D., 45, I, 209; 15 janvier 1876, *Bulletin* 1876, p. 37; D., 76, I, 413.

Les deux premiers arrêts ont été rendus dans des espèces où il s'agissait de colportage de gibier pendant le temps où la chasse était momentanément suspendue en vertu d'un arrêté préfectoral. Le troisième a été rendu sur le pourvoi formé par le ministère public contre l'arrêt indiqué ci-dessus de la cour de Bastia. Il rejette ledit pourvoi par des considérations identiques à celles invoquées par la cour de Bastia.

« Attendu, dit très bien la cour suprême, que si, par un arrêté du 17 novembre 1873, le préfet avait décidé que dans ce département les merles, les grives et autres oiseaux de passage ne pourraient être chassés au lacet que du 15 décembre au 1er mars, cet arrêté n'avait pour objet que de limiter la période pendant laquelle il serait permis de faire usage de cet engin prohibé, mais, que la chasse au tir n'en restait pas moins ouverte soit pour cette espèce particulière de gibier, soit pour le gibier en général;

» Attendu qu'aux termes de l'article 4 de la loi du 3 mai 1844, c'est seulement pendant le temps où la chasse n'est pas permise qu'il est interdit de vendre ou de colporter du gibier; que le temps prohibé, dans le sens de cet article, dont la portée se détermine par sa référence à l'article 3, qui le précède, est celui qui s'écoule entre les arrêtés généraux de clôture et d'ouverture de la chasse, et non telle autre période plus ou moins restreinte pendant laquelle la chasse peut, à raison de circonstances particulières au département, être accidentellement suspendue;

» Attendu, dès lors, que l'arrêt attaqué, en refusant d'appliquer à Bertucci, pour colportage de gibier effectué pendant le temps où la chasse était ouverte, les peines exclusivement réservées au colportage du gibier en temps prohibé, loin d'avoir violé les articles sus-visés de la loi de 1844 (art. 4 et 12), n'en a fait qu'une saine application. »

13. — De la généralité des considérations que nous avons fait valoir au numéro précédent, pour établir que le colportage du gibier tué en temps de neige, contrairement à un arrêté préfectoral, ne constitue pas le délit spécial de complicité prévu par l'article 4 et réprimé par l'article 12 de la loi du 3 mai 1844, il résulte qu'on ne saurait considérer non plus comme constituant un cas de complicité particulière du délit de chasse, le colportage du gibier pris avec des engins prohibés pendant le temps où la chasse est ouverte. L'article 4 est, en effet, aussi absolu que possible. Il ne prohibe le colportage du gibier, et ne le frappe, à titre de complicité spéciale, des peines de l'article 12 que dans le cas où la chasse est fermée. Il suit de là que, dans le cas où elle est ouverte, le colportage d'un gibier quelconque, pris avec un engin prohibé ou non, ne saurait constituer un délit particulier de colportage réprimé par l'article 12 de ladite loi[1].

1. Telle est la solution consacrée notamment par deux arrêts, l'un de la cour de

14. — Si le législateur ne prohibe pas, lorsque la chasse est ouverte, le colportage du gibier tué en délit d'une façon quelconque, sous la sanction de l'article 12, § 4, de la loi du 3 mai 1844, en vertu des principes que nous venons d'établir, n'appartient-il pas, du moins, aux préfets, d'interdire ce colportage pendant cette période?

En aucune façon. D'une part, en effet, le législateur dispose, dans les articles 4 et 12 de la loi du 3 mai 1844, que le colportage du gibier n'est défendu que pendant la période entre l'époque de la fermeture et celle de l'ouverture de la chasse, qu'ils sont appelés à fixer aux termes de l'article 3 de la même loi; d'autre part, dans l'article 9, il ne leur accorde point la faculté de prohiber le colportage à d'autres époques. Il suit de là qu'ils sont sans droit pour interdire le colportage du gibier capturé en délit d'une façon quelconque, pendant le temps où la chasse est ouverte. Il suit de là, aussi, que les arrêtés préfectoraux prohibant le colportage, par exemple, celui du gibier pris en temps de neige, ne sont pas légaux et obligatoires pour les tribunaux, qui doivent les considérer comme nuls et non avenus. Il est, en effet, de règle, que les arrêtés préfectoraux qui sont pris contrairement aux dispositions de la loi ne sont pas obligatoires pour les tribunaux[1].

15. — S'il est vrai que le colportage du gibier pendant la période d'ouverture de la chasse est licite, en ce sens qu'il ne constitue pas un délit spécial prévu et réprimé par les articles 4 et 12 de la loi du 3 mai 1844, bien que ce gibier ait été capturé en délit notamment pendant le temps où la chasse est momentanément suspendue par un arrêté préfectoral à cause de la neige, suit-il de là, que, dans aucun cas, le colportage ou l'achat de gibier tué avec des engins prohibés ne soit pas punissable? Nullement.

En raison et en droit, il y a lieu de punir ceux qui sciemment ont recelé du gibier capturé à l'aide d'engins prohibés. Si l'adage : « sans receleurs, il n'y aurait pas de voleurs », est vrai, en thèse générale, d'après le droit commun, il est vrai surtout en matière de chasse, ainsi que nous l'avons déjà fait remarquer. Le gibier que les braconniers capturent n'est pas habituellement pour eux; ils le destinent à des receleurs, cafetiers, aubergistes, restaurateurs, ou à de simples particuliers qui le leur achètent d'habitude. Il est donc logique de considérer les receleurs de gibier comme les complices des délinquants par application des principes consacrés dans l'article 62 du code pénal.

Il suit de là qu'il y a lieu, spécialement, de punir ceux qui ont recelé sciemment du gibier tué ou capturé à l'aide d'engins prohibés.

Si, en raison, cette thèse est fondée, nous ajouterons qu'en droit elle est pleinement justifiée. La loi du 3 mai 1844 n'a pas prévu, il est vrai, le

Grenoble, en date du 26 décembre 1844, et l'autre de la cour de Metz, du 29 décembre 1864. (V. *Revue des Eaux et Forêts*, 1864-1865, p. 377; D., 65, II, 24 et 45, II, 43.)

1. Telle est l'opinion qui a été consacrée, d'une façon formelle, par la cour de Grenoble, dans son arrêt cité au numéro précédent, rendu le 26 décembre 1844.

*

colportage du gibier pris avec des engins prohibés, les articles 4 et 12, § 4, de cette loi, qui ont seuls trait au colportage du gibier, ne l'interdisent que pendant le temps où la chasse est fermée; d'où l'on est bien forcé de conclure qu'à toute autre époque, le colportage, le transport, la mise en vente, la vente et l'achat du gibier ne constituent pas le délit spécial de complicité prévu et réprimé par l'article 12 de la loi du 3 mai 1844, quand même le gibier aurait été pris avec des engins prohibés, mais, peut-on inférer de là que, dans aucun cas, ceux qui colportent, transportent, mettent en vente, vendent et achètent du gibier pris avec des engins prohibés ne devront jamais être poursuivis ? Nullement. La loi du 3 mai 1844 n'ayant pas édicté de pénalité pour le colportage, la mise en vente, la vente, l'achat ou le transport du gibier capturé avec des engins prohibés, n'ayant pas fait de ce colportage un mode spécial de complicité, il faut, logiquement, décider que les règles générales sur la complicité lui sont applicables ; or, l'article 62 du code pénal dispose que ceux qui ont sciemment recelé des choses obtenues, détournées ou enlevées à l'aide d'un crime ou d'un délit sont punis comme complices de ce délit. Les termes de cet article sont clairs et précis; ils ne prêtent pas à l'ambiguïté; d'autre part, ils sont aussi absolus que possible; par conséquent, ils sont applicables aux délits de chasse comme aux autres délits de droit commun. Il suit de là que ceux qui ont sciemment colporté du gibier tué ou pris avec des engins prohibés devront être punis comme ceux qui auront capturé ce gibier.

Cette thèse s'applique, non seulement au colportage, mais encore au transport, à la mise en vente, à la vente et à l'achat du gibier pris avec des engins prohibés. Plus généralement, elle s'applique à tout recel quelconque de gibier capturé avec des engins prohibés, c'est-à-dire, ainsi que l'a très bien décidé la cour de cassation, par un arrêt du 20 janvier 1877, cité cidessus (nº 11) à toute rétention volontaire du gibier pris avec des engins prohibés, avec la connaissance de l'origine délictueuse dudit gibier. Telle est la thèse qui a été consacrée à bon droit par un certain nombre de décisions judiciaires[1].

Dans l'espèce soumise au tribunal de Blois, un sieur Sautereau s'était présenté au bureau d'octroi de ladite ville, détenteur d'un cerf qu'il voulait introduire dans cette ville; trois agents de l'octroi ayant constaté aux marques qu'il portait au cou que cet animal avait été pris à l'aide de collets, et qu'il ne portait aucune trace de coup, dressèrent procès verbal contre Sautereau. Il fut, en conséquence, traduit en police correctionnelle. Les circon-

1. C'est dans ce sens que s'est prononcée la cour de cassation par un arrêt en date du 6 décembre 1839; D., 40, I, 388.

La cour de Metz, dans un arrêt du 29 décembre 1864, a consacré, également cette doctrine (*Revue des Eaux et Forêts*, 1864-1865, p. 377; — D., 65, II, 24), ainsi que celle de Rouen par une décision en date du 9 juin 1871 (même revue, 1870-1873, p. 173).

C'est aussi, dans ce sens que se sont prononcés la cour de Paris, par un arrêt fort bien motivé, du 8 février 1862; D., 63, II, 17, et le tribunal de Blois, par un jugement en date du 10 nov. 1876; D., 78, V, 85.

stances de la cause ayant révélé qu'il avait eu connaissance de l'origine délictueuse du cerf, le tribunal le condamna comme complice d'une personne demeurée inconnue par les considérations principales suivantes : « Attendu qu'il est constant que Sautereau a recelé un cerf pris à l'aide d'engins prohibés, et, par conséquent, à la suite d'un délit commis par un auteur resté inconnu jusqu'à présent; que la question se borne à celle de savoir si c'est sciemment qu'il a commis ce recel; — Attendu, en fait, que les circonstances de la cause viennent établir qu'il avait une parfaite connaissance de l'origine délictueuse du gibier; par ces motifs, déclare Sautereau coupable du délit de complicité de chasse, dont il est inculpé, et le condamne, par application des articles 59, 62 du code pénal, et 12 de la loi du 3 mai 1844. »

Enfin, nous indiquerons, comme consacrant implicitement cette opinion, un arrêt de la cour de cassation en date du 15 janvier 1876, que nous avons déjà cité plus haut. Cet arrêt statue sur le pourvoi interjeté par le ministère public contre une décision de la cour de Bastia du 3 décembre 1875, acquittant un nommé Bertucci du délit de colportage de gibier qui lui était imputé pour avoir acheté des grives qui, d'après le precès-verbal dressé contre lui, avaient ete prises au lacet, alors qu'un arrêté préfectoral défendait ce genre de chasse. On remarque, en effet, dans l'arrêt de la cour de cassation le considérant qui suit :

« Attendu, d'ailleurs, en fait, que contrairement aux indications du procès-verbal, la cour d'appel, se fondant sur les témoignages recueillis au procès, a déclaré, par une appréciation souveraine des enquêtes, que rien, dans la cause, n'établissait que les oiseaux constituant le corps du délit, eussent été pris au lacet; qu'en dehors de cette circonstance, le colportage en était dès lors permis, comme celui de tout autre gibier. »

La cour de cassation ne dit-elle pas implicitement que le colportage desdits oiseaux eût été prohibé s'il eût été nettement établi qu'ils avaient été capturés à l'aide de lacets, engins prohibés ? Oui, assurément [1].

Il faut donc tenir pour certain qu'il y a lieu de considérer comme complices des délinquants ceux qui, en connaissance de cause, ont recelé d'une façon quelconque, du gibier capturé avec des engins prohibés.

Au reste, la question de savoir si les receleurs du gibier pris avec des engins prohibés pendant la période d'ouverture de la chasse, avaient connaissance de son origine délictueuse, sera, en fait, assez difficile à résoudre. Le ministère public ne parviendra que rarement à faire la preuve qui est mise à sa charge. Cette preuve résultera des différentes circonstances de la cause. Elle résultera, notamment, de ce que le gibier ne porte aucune trace de coups de feu, et porte, au contraire, soit au cou, soit ailleurs, des traces du piège, de l'engin prohibé avec lequel il a été capturé. Elle résul-

1. Cette doctrine, consacrée par bon nombre de décisions judiciaires, a été admise par plusieurs auteurs, notamment par MM. Giraudeau et Lelièvre, *Chasse*, n° 342, de Neyremand, *Questions sur la chasse*, p. 158, n° 15, 2° édition; — Dutruc, *Mémorial du ministère public*, v° *Chasse*, n°s 11, 46 et 47, et t. XIX; *J. du ministère public*, année 1878, pag. 75.

tera, aussi, de ce que le receleur du gibier, par exemple, a l'habitude d'acheter du gibier sans se préoccuper de son origine et sans rechercher s'il a été pris au collet ou au fusil; de ce que le receleur du gibier l'a acheté la nuit, à vil prix, après l'avoir demandé à l'avance à des braconniers qu'il connaissait et avec qui il était en relation constante. Bien souvent, le ministère public devra s'abstenir, car, dans bien des cas, il y aura doute sur la question de savoir si le gibier a été tué avec des engins prohibés.

16. — Des considérations que nous venons de développer, il suit, également, que l'article 62 du code pénal est applicable à celui qui a sciemment recelé du gibier tué en temps de neige par infraction à un arrêté préfectoral légalement pris.

Il n'y a pas de raison, en effet, de distinguer entre le cas où il s'agit de gibier capturé avec des engins prohibés et celui où il s'agit de gibier capturé en temps de neige, alors que la chasse est momentanément suspendue en vertu d'un arrêté préfectoral. Si, dans le premier cas, le fait de mettre en vente, de vendre, d'acheter, de colporter ou de transporter du gibier capturé à l'aide d'engins prohibés, alors que l'on connaît l'origine délictueuse de ce gibier, constitue un délit de complicité, ce même fait doit, logiquement, constituer un délit dans le second cas. Pourquoi, en effet, y a-t-il lieu de décider que, dans le premier cas, il y a un délit de complicité? C'est en vertu des principes généraux du droit en matière de complicité, et par application de l'article 62 du code pénal; or, dans le second cas, l'article 62 doit également être appliqué. En définitive, celui qui recèle, d'une façon quelconque, du gibier tué en temps de neige, contrairement à un arrêté préfectoral, recèle du gibier obtenu à l'aide d'un délit. Par suite, sa responsabilité, comme complice, doit être engagée, à moins qu'il n'y ait dans la loi quelque disposition qui y fasse obstacle; or, selon nous, il n'y a aucun texte de loi duquel on puisse induire, avec certitude, que le principe posé dans l'article 62, et applicable aux matières de chasse d'une façon générale, ne doit pas recevoir son application dans le cas de recel du gibier tué en temps de neige contrairement à un arrêté préfectoral.

Mais, peut-on dire, du texte des articles 4 et 12 de la loi du 3 mai 1844 on peut induire que le recel, par un moyen quelconque, du gibier capturé en temps de neige est licite, puisque en vertu de ces articles, il n'y a que le recel accompli entre la période de la clôture et celle de l'ouverture de la chasse qui soit prohibé.

Il est parfaitement vrai, répondrons-nous, que les articles 4 et 12 ne prohibent que le recel pendant l'intervalle qui sépare la clôture de l'ouverture de la chasse, et que, par suite, le recel du gibier capturé, soit avec des engins prohibés, soit en temps de neige, alors qu'un arrêté préfectoral suspend momentanément l'exercice de la chasse, n'est pas puni comme complicité du délit spécial réprimé par l'article 12 de la loi du 3 mai 1844, car on ne saurait étendre, par voie d'analogie, les délits spéciaux; mais, s'ensuit-il, nécessairement, que celui qui a recelé du gibier tué dans ces deux cas ne soit jamais punissable? En aucune façon. Tout ce que l'on peut induire des articles 4 et 12, c'est que le recel ne saurait, dans ce cas, constituer le délit spécial de complicité qui devrait être puni des peines sévères portées en l'article 12 contre ceux qui transportent du gibier pris en temps prohibé. On ne peut aller plus loin dans la voie des conséquences. De ce que les articles 4 et 12, 4°, ne sont pas applicables dans cette hypothèse, cette circonstance n'empêche nullement l'application des principes généraux du droit en matière de complicité, c'est-à-dire, dans l'espèce, celle de l'article 62 du code pénal. La peine à infliger aux complices ne pourra être, du reste, que celle qui est édictée par l'article 11, § 3, contre ceux qui ont contrevenu aux arrêtés préfectoraux légalement pris. Ce sera une peine d'amende légère, tandis que celle établie par l'article 12 de la loi du 3 mai 1844 peut aller jusqu'à deux mois d'emprisonnement.

17. — Nous avons déjà vu quelques cas de complicité par recel. Poursuivons le développement des principes que nous avons posés. Que faut-il décider pour le cas de recel de gibier pris la nuit, contrairement à la disposition de l'article 9 de la loi du 3 mai 1844, défendant implicitement la chasse de nuit? Il faut donner, selon nous, la même décision que pour l'hypothèse du recel du gibier pris avec des engins prohibés ou en violation d'un arrêté préfectoral suspendant momentanément l'exercice de la chasse en temps de neige, en s'appuyant sur les considérations que nous avons invoquées. La question est de savoir si le receleur a eu connaissance de l'origine délictueuse du gibier ou non; dans le premier cas, il y a complicité de sa part conformément à l'article 62 du code pénal; dans le second cas aucun délit n'existe.

Telle est la solution qui a été donnée par la cour d'Amiens le 13 janvier 1853 (*Annales forestières* 1853-1855, t. VI, p. 50) dans une espèce où un sieur Béguin avait acheté à vil prix de deux braconniers avec lesquels il était en relation de tous les instants, deux poules faisanes qu'ils avaient tuées dans la nuit du 7 au 8 novembre 1852, sur la propriété d'un sieur Lamarre. Cette cour a fort bien considéré que les infractions à la loi sur la police de la chasse rentrent, à moins d'exceptions spéciales, que ne présente pas la loi du 3 mai 1844, dans les règles générales de la complicité. Elle a, en conséquence, condamné comme complice des deux prévenus principaux, le nommé Béguin, parce qu'il était établi qu'il savait que les deux poules faisanes avaient été tuées la nuit, et sur la propriété d'autrui, sans le consentement du propriétaire.

Des termes absolus de l'article 62 du code pénal, et de la généralité des principes que nous venons de formuler, en les appliquant à quatre cas spéciaux de recel de gibier pris en délit, il résulte que cet article est applicable au cas de recel du gibier tué par un individu non muni d'un permis. Dans ce cas, en effet, l'individu non muni d'un permis a commis un délit en chassant sans permis; le gibier recelé provient d'un délit, a été obtenu à l'aide d'un délit, selon les expressions de la loi; par suite, il y a lieu de considérer comme complice du délinquant celui qui a recelé, par un moyen quelconque, le gibier tué par ce délinquant, s'il en connaissait la provenance illégitime.

Par identité de raisons, il faut décider que celui qui a recelé sciemment du gibier tué sur le terrain d'autrui, sans le consentement du propriétaire, doit être puni comme complice, s'il en connaît l'origine délictueuse.

Cette solution paraît bien rigoureuse au premier abord; nous pensons, néanmoins, qu'elle est tout à fait juridique. La loi, en effet, dans l'article 62, ne distingue pas entre la nature des délits à la suite desquels l'objet a été recelé.

Il importe donc peu que ce délit intéresse l'ordre public, ou ait trait principalement à l'intérêt privé, qu'il puisse être poursuivi d'office ou qu'il ne puisse l'être que sur la plainte de la partie lésée.

Que conclure de là sinon que le délit de chasse sur le terrain d'autrui est compris dans les termes généraux de l'article 62 du code pénal, et qu'il y a lieu de punir, en qualité de complice, celui qui, par exemple, achète sciemment d'un braconnier le gibier qu'il a tué sur le terrain d'autrui.

En fait, d'ailleurs, il sera très difficile d'établir que le receleur savait l'origine délictueuse du gibier tué sur le terrain d'autrui.

D'autre part, puisqu'il est admis en principe par le législateur que le fait de chasse sur le terrain d'autrui, sans le consentement du propriétaire, ne peut être poursuivi d'office, que le soin de la poursuite est laissé à la partie civile, il faut admettre, également, que, en principe, le complice de celui qui a chassé sur le terrain d'autrui ne pourra être poursuivi que par la partie lésée. C'est dans une espèce identique, avec la circonstance de nuit, que la cour d'Amiens a statué par son arrêt du 13 janvier 1853; dans l'espèce qui lui était soumise, il s'agissait, comme nous l'avons vu plus haut, de recel de gibier capturé par des individus qui avaient chassé la nuit sur le terrain d'autrui, sans le consentement du propriétaire.

La circonstance de nuit a été peut-être déterminante pour les magistrats de la cour d'Amiens; mais, il est à noter, cependant, qu'ils ont relevé celle de la capture du gibier sans le consentement du propriétaire.

Par identité de raisons, la même solution devra être donnée au cas de recel en connaissance de cause du gibier tué par un adjudicataire qui a contrevenu aux clauses et conditions du cahier des charges qui le lie vis-à-vis des communes, des établissements publics ou vis-à-vis de l'État.

De la généralité des termes de l'article 62 du code pénal, il faut conclure, aussi, qu'il y a lieu de considérer comme complices ceux qui ont recelé, en connaissance de cause, du gibier tué contrairement aux arrêtés préfectoraux pris en exécution de l'article 9, *in fine*, de la loi du 3 mai 1844.

Hâtons-nous d'ajouter que, en fait, dans ces derniers cas, les règles de la complicité par recel recevront rarement leur application.

18. — Pour nous résumer, nous dirons qu'au cas où un délit quelconque de chasse aura été commis, les règles de la complicité devront être appli-

quées à ceux qui auront participé d'une façon quelconque à l'accomplissement de ce délit, ou qui auront recelé sciemment le gibier capturé en délit, dans les termes des articles 60 et 62 du code pénal, en donnant aux mots *recel* et *complicité* un sens aussi étendu que possible.

19. — Nous avons vu jusqu'ici dans quels cas il y a complicité; en d'autres termes, quels sont les faits constitutifs de complicité, et quel est, au point de vue juridique, l'élément essentiel de toute complicité. Poursuivons le développement de notre étude. Si les principes de la complicité posés par les articles 60 et 62 du code pénal sont applicables aux matières de chasse, il y a lieu de décider, aussi, que les autres règles ordinaires de la complicité établies par le code pénal, s'appliquent également, aux matières de chasse, en vertu des considérations générales que nous avons fait valoir au n° 2 ci-dessus. Ainsi, le complice en matière de chasse pourra être poursuivi quoique l'auteur principal reste inconnu, comme cela a lieu dans les matières de droit commun. Il faudra donner une décision pareille au cas où l'auteur principal est en fuite ou décédé, plus généralement, dans le cas où il n'est pas poursuivi pour une raison ou pour une autre [1].

20. — Pour être logique, nous devrons décider, également, que lorsque l'auteur principal d'un délit de chasse sera traduit, à raison de sa qualité, devant une juridiction spéciale, devant la cour d'appel, par exemple, si c'est un garde champêtre qui a chassé sur des terrains confiés à sa garde, le complice qui l'aura aidé dans l'accomplissement du fait de chasse d'une façon quelconque, ou qui aura recelé le gibier tué par lui en délit, devra être traduit, aussi, en règle générale, devant cette juridiction exceptionnelle : la connexité exige cette solution.

21. — Par identité de raisons, il faut décider, aussi, que l'article 59 du code pénal sera applicable au cas de complicité en matière de chasse, c'est-à-dire, que les complices, en matière de chasse, seront punis comme les auteurs principaux eux-mêmes, en d'autres termes, de la même peine de droit que ces derniers.

22. — Nous dirons, également, que la règle de droit commun, suivant laquelle les complices d'un crime ou d'un délit sont, d'après une jurisprudence presque unanime, passibles de l'aggravation de peine attachée à la qualité personnelle de l'un des délinquants, auteurs principaux, sera applicable en matière de chasse. Ainsi, il faudra décider que les individus qui ont commis un délit de chasse, par exemple, en qualité de complices d'un garde champêtre, devront être, comme celui-ci, condamnés au maximum de

1. Telle est la solution qui a été admise notamment par le tribunal de Blois, dans son jugement du 10 décembre 1876, cité ci-dessus (V. *J. du ministère public*, t. XX, p. 159), et par la cour de cassation, le 2 janvier 1880 (*J. du ministère public*, p. 121).

la peine. C'est dans ce sens que s'est prononcée la cour de Chambéry le 27 avril 1867 (*Revue des Eaux et Forêts*, 1869, p. 92).

23. — L'article 27 de la loi du 3 mai 1844, qui édicte à peu près dans les mêmes termes que l'article 55 du code pénal, la solidarité contre ceux qui ont conjointement commis un délit de chasse, devra être appliqué aux auteurs et complices d'un délit de chasse quelconque. Telle est la solution qui a été consacrée par la cour de cassation, le 5 avril 1872, dans l'affaire de Saint-Philbert, au sujet de traqueurs, et de chasseurs principaux (*Bulletin* 1872, p. 133), et par la cour de Rouen, le 26 avril 1849 (D., 50, II, 69). Or, cette solution est, évidemment, applicable aux auteurs et complices d'un délit de chasse.

Telle est, également, la solution qui a été consacrée par la cour d'Amiens, le 13 janvier 1853, dans une espèce où un individu avait recelé sciemment deux poules faisanes tuées en délit par deux braconniers, la nuit et sur le terrain d'autrui.

Le principe consacré par cet arrêt doit être généralisé, et appliqué à tous les cas de complicité en matière de chasse.

N'y a-t-il pas lieu de faire une exception à cette règle au cas de complicité d'un délit de chasse commis sans permis? Ne peut-on pas dire que ceux qui ont commis ensemble un délit de chasse sans permis n'étant pas passibles de la solidarité d'après plusieurs décisions judiciaires, notamment aux termes de deux arrêts, l'un de la cour d'Orléans, en date du 3 juin 1865 (D., 65, II, 152), et le second de la cour de Paris, du 24 novembre 1857 (*Annales forestières*, t. VII, p. 352), la solidarité ne doit pas être prononcée contre les auteurs et complices d'un délit de chasse commis sans permis.

Nous ne pensons pas que cette conséquence soit juridique : en effet, la cour d'Orléans suppose le cas où il s'agit de chasseurs chassant ensemble, il est vrai, mais indépendants les uns vis-à-vis des autres, mais elle ne suppose pas le cas de chasseurs concourant ensemble à l'accomplissement d'un fait de chasse unique et délictueux, ou d'un receleur recelant sciemment du gibier tué en délit. Cette jurisprudence n'infirme donc pas notre thèse.

Ajoutons que la solidarité doit être prononcée, bien que l'un des chasseurs soit condamné à la confiscation de l'arme dont il s'est servi. (V. Colmar, 5 juin 1860, *Revue des Eaux et Forêts* 1866-1867, p. 153.)

Telles sont les principales applications des règles de la complicité ordinaire à la matière spéciale de la chasse. Il y aurait lieu d'appliquer, plus généralement, aux questions de chasse, les règles ordinaires de la complicité.

Fontainebleau. — E. Bourges, imp. breveté.

Fontainebleau. — E. Bourges, imp. breveté.

www.ingramcontent.com/pod-product-compliance
Ingram Content Group UK Ltd.
Pitfield, Milton Keynes, MK11 3LW, UK
UKHW020412220726
13923UKWH00004B/1898

9 782019 266431